北京师范大学教育学部学科综合建设专项资金资助

班主任教师的专业化

问题、实质与挑战

姚计海◎著

HEAD TEACHER PROFESSIONALIZATION
PROBLEM, ESSENCE AND CHALLENGE

北京师范大学出版集团
BEIJING NORMAL UNIVERSITY PUBLISHING GROUP
北京师范大学出版社

图书在版编目(CIP)数据

班主任教师的专业化：问题、实质与挑战/姚计海著. —北京：北京师范大学出版社，2021.4(2022.6 重印)
ISBN 978-7-303-26187-1

Ⅰ. ①班… Ⅱ. ①姚… Ⅲ. ①班主任工作—研究 Ⅳ. ①G451.6

中国版本图书馆 CIP 数据核字(2020)第 144747 号

营销中心电话 010-58802135 58802786
北师大出版社教师教育分社微信公众号 京师教师教育

BANZHUREN JIAOSHI DE ZHUANYEHUA WENTI SHIZHI YU TIAOZHAN

出版发行：北京师范大学出版社 www.bnupg.com
北京市西城区新街口外大街 12-3 号
邮政编码：100088

印　　刷：北京天泽润科贸有限公司
经　　销：全国新华书店
开　　本：730 mm×980 mm 1/16
印　　张：11.5
字　　数：154 千字
版　　次：2021 年 4 月第 1 版
印　　次：2022 年 6 月第 2 次印刷
定　　价：59.00 元

策划编辑：何　琳　　责任编辑：周　鹏
美术编辑：李向昕　　装帧设计：李向昕
责任校对：陈　民　　责任印制：马　洁

前　言

中国古代有一部经典著作《礼记》，其中《学记》有名言："玉不琢，不成器；人不学，不知道。是故古之王者建国君民，教学为先。"可见，自古以来，国家建设与发展，首先要重视设学施教，重视"教"与"学"，把教育作为发展的根本，即"教育为本"。

时至今日，我国社会发展的基本方针政策也充分认识到教育发展的重要性，明确建设优质教育是国家强盛和中华民族伟大复兴的基础工程，把教育事业放在优先发展的战略地位上，深刻认识到"建国君民，教学为先"。

《国家中长期教育改革和发展规划纲要(2010—2020年)》开篇就指出："百年大计，教育为本。教育是民族振兴、社会进步的基石，是提高国民素质、促进人的全面发展的根本途径，寄托着亿万家庭对美好生活的期盼。强国必先强教。优先发展教育、提高教育现代化水平，对实现全面建设小康社会奋斗目标、建设富强民主文明和谐的社会主义现代化国家具有决定性意义。"

该规划纲要明确把"加强教师队伍建设"作为实现国家中长期教育改革和发展的保障措施，指出"教育大计，教师为本"，强调建设高素质教师队伍，有好的教师，才有好的教育；提高教师地位，维护教师权益，改善教师待遇，使教师成为受人尊重的职业；严格教师资格和准入制度，提升教师素质，努力造就一支师德高尚、业务精湛、结构合理、充满活力的高素质专业化教师队伍。

随着时代的进步，当今我国国家建设与治理对教育基础地位的认识更为深刻，不仅认识到“教育为本”(《礼记》中称为“教学为先”)，更认识到了“教师为本”。2018 年 1 月，《中共中央、国务院关于全面深化新时代教师队伍建设改革的意见》提出“百年大计，教育为本；教育大计，教师为本”，理顺了国家建设与教育和教师发展之间的关系。

因此，同理可得，“百年大计，教师为本”。该意见强调，“兴国必先强师，深刻认识教师队伍建设的重要意义”，从国家发展的战略意义上把教师队伍建设摆在突出位置，并特别针对中小学教师队伍建设指出，“中小学教师职业吸引力不足，地位待遇有待提高”。

在学校教育体系中，中小学校教育是基础教育的重要组成部分。中小学教师作为教育者，对学生良好发展发挥着重要的基础作用，是学生成长和未来成才的教育根基，在引导学生成长为建设国家的栋梁之材的过程中发挥着关键作用。拥有高素质的教师人力资源或人才队伍，促进教师获得良好的专业发展，是实现国家强盛最重要的基石。

就中小学教师工作而言，其教育任务主要有两方面，一是教学工作，二是班主任工作，两者具有同等的重要性。班主任教师也是中小学校教师队伍的重要组成部分，其职责侧重于通过班级管理，引导学生健康成长。

虽然班主任工作的重要价值越来越被人们所认识，但是当前中小学班主任教师仍然缺乏独立的、较高的专业地位。在教育管理制度上，还没有形成班主任教师专业标准，其规划、招聘、培训、考核及薪酬等人力资源管理机制仍有待完善。

班主任工作是一种专业，它具有独特性、有效性和不可替代性。班主任工作需要专业化，班主任教师需要成为专业人士，在教育及社会中获得相应的专业地位，体现出专业价值，得到真正的尊重。

当前，中小学班主任教师专业化及其专业发展还存在一些亟待解决的问题，学校发展也面临一些较为严峻的管理挑战，需要班主任教师、学校管理者、教育主管部门以及教育研究者等共同努力，迎接班主任专业化的管理挑战，完善班主任教师管理机制，促进学校教育进步，努力实现国家“百年大计”。

目　录

CONTENTS

第一章

班主任教师的缘起

教育部2009年颁布的《中小学班主任工作规定》指出："班主任是中小学日常思想道德教育和学生管理工作的主要实施者，是中小学生健康成长的引领者，班主任要努力成为中小学生的人生导师。班主任是中小学的重要岗位，从事班主任工作是中小学教师的重要职责。教师担任班主任期间应将班主任工作作为主业。"

可见，班主任教师的工作主要涉及课堂教学工作之外的班集体建设，以及与班级相关的学生教育与管理工作。

班级管理这一班主任职业角色是随着"班级授课制"的产生而出现的，世界各国对这一职业角色的称呼多种多样，其职责和任务不尽相同，但班级管理工作的核心是在学校教育的范畴内，引导班级学生的品德、身心健康等全面发展。

"班主任"或"班主任教师"这种称谓主要是我国中小学校学生教育与管理中使用的一个教育名词，反映着我国的基础教育管理特色。

从事班主任工作的专业人士称为"班主任教师"。把班主任定位于教师这一职业角色，是为了明确班主任工作是中小学校教师工作的重要组成部分，班主任工作与教学工作都发挥着教育人、培养人的重要教育职能。

一、班级授课制的历史发展

(一)班级授课制的出现

从世界范围来看，在16世纪后期，伴随着欧洲文艺复兴运动，工商业得到进一步发展，科学文化获得繁荣进步，这对教育产生着重要影响：一方面，学校教育教学内容显著增多，课程数量不断增加；另一方面，学校承担培养更多人才的责任变得更大，以往个别教学的教育组织模式无法满足社会发展对人才的需求，于是，把一群学生组织在一起集体学习的班级授课制应运而生。

班级授课制萌芽于16世纪西欧的一些国家，经过一些教育家的理论升华，在学校实践中初步形成制度，即一位教师对一个班级的学生同时上课，以代替传统的个别教学。这种人才培养效率更高的教育教学组织形式逐渐在西方中小学和大学得到推广。

随着工业化革命的进展，班级授课制有效地推进了教育规模化，也使得学校教育成为广大民众能触及的领域。相对于以往个别化组织教学，班级授课制强调按照学生的年龄和学习特征将学生编成一定数量的班级，确定相对明确的课程体系、教学目的和教学任务，以班级为单位开展教育教学活动，极大地提升了学生学习与发展的效率。

概括而言，班级授课制是指把一定数量的学生按照年龄与知识程度的相似编成固定的班级，由教师按固定的课程表和统一的进度，有计划地向全班学生集体授课，并主要以课堂讲授的方式分科对学生进行教育的一种教育组织形式(吴式颖，1999)。班级授课制是目前世界各国中小学教育阶段普遍采用的教育教学基本组织形式。

(二)我国的班级授课制

我国从 1901 年“废科举，兴学堂”，开启以班级授课制为基本组织形式的现代教育以来，班级授课制因其本身的高效性，逐渐成为我国学校普遍采用的组织形式，并得到不断发展和完善(商春锦，2003)。相较于以往的个别教学组织形式，班级授课制显著提升了教育教学效率，并有利于班级学生之间的相互交流、相互学习、相互促进，有助于取得人才培养的更大成效。

在我国中小学校，班集体是基于班级授课制而建立起来的具有较为完善的班级结构和发展目标的组织共同体。班集体这一概念是我国中小学校班级管理的特色称谓，它比班级概念具有组织管理的特色。由于我国中小学的班级往往有着较为稳定的组织形式和管理机制，因此，在许多教育情境中，“班级”与“班集体”往往作为同义语使用。

中小学班主任教师职业角色是伴随着班级和班级授课制的教育形态而发展形成的。直到现今，“班级授课制”依然作为中小学最主要的教育教学组织形式，在学校教育管理实践中被广泛运用，并不断发展成熟。我国中小学班主任工作及其相关管理制度也是在班级授课制这种教育教学组织形式的形成与发展的时代背景下应运而生的。班主任教师在班级管理和学生培养以及学校教育事业进步方面起着不可或缺的作用。

当然，班级授课制仍然存在一些弊端，比如，目前我国中小学校一个班级的人数通常规定为 40～50 人，但有些地方的班级人数达到 60～70 人，也有个别地方学校的班级人数甚至超过 100 人，而欧美经济发达国家的中小学校班级人数多为 30 人左右。因此，班级人数众多，势必增加班主任教师的班级管理负荷。

而且，学校和教师面对人数众多的学生，在班级管理和学生教育时，往往强调学生思维方式及行为表现的一致性，可能难以关注到班级每一位学生的差异性特点，导致班级学生难以在“因材施教”的基本教育原则下得到个性化的教育培养。在这种班级管理理念之下，班主任教师关于班级教育管理的专业理念、专业知识、专业能力及创造力难以得到充分的开发和培养，甚至可能导致班主任教师的专业发展受到抑制。

但是，相较于欧美经济发达国家，我国适龄的受教育中小学生人数众多，而中小学校数量有限，尤其由于资源配置不均衡等原因，优质中小学校的数量更少。在这种社会发展背景下，班级授课制仍然发挥着普及基础教育和为社会培养人才的重要作用。班级授课制有助于教师人力资源使用最大化，为学生群体大规模地开展教育教学活动，从宏观上尽可能有效地保障学生群体获得发展。

此外，班级授课制为学生人际交往提供了良好的平台。在我国中小学校班级常规教育教学活动过程中，班主任教师可以引导班级学生之间积极开展人际交流与合作，培养学生的人际交往能力、合作意识和互助精神，有助于学生获得良好的社会性发展。

在学校教育中，班级或班集体的出现为班主任教师这一工作或职业角色的出现搭建了岗位平台，使班主任教师工作具有现实性和必要性。

二、班主任教师的产生

（一）班主任制度的建立

中华人民共和国成立以后，我国中小学校的班主任制度与学制改革紧密联系。学制，即学校教育制度，是国家规范学校教育的基本制度，是教育活动有效运转的重要保障。1951 年 10 月，《政务院关于改革学制的决定》颁布，班主任制度得以确立。从1952年起，中小学设立班主任，班主任工作与班级管理和学生培养紧密联系在一起。

1952年3月18日，中央人民政府教育部颁布的《小学暂行规程（草案）》指出："小学各班采教师责任制，各设班主任一人，并酌设科任教师。"同时颁布的《中学暂行规程（草案）》规定："中学每班设班主任一人，由校长就各班教员中选聘，在教导主任和副教导主任领导下，负责联系本班各科教员指导学生生活和学习。班主任任课时数，可根据具体情况，较专任教员酌减。"而且，中学的班主任教师是学校校务会议的主要成员之一，参与讨论学校的"教育实施计划、布置与总结教育工作、审查学校预决算及商议其他重大问题"。

《中学暂行规程（草案）》与《小学暂行规程（草案）》的颁布，意味着中小学班主任工作从国家制度层面得以确立，班主任工作也获得了国家法定地位。

1988年，国家教委颁布实施了《小学班主任工作暂行规定（试行草案）》和《中学班主任工作的暂行规定》，使班主任制度及班主任工作规范进一步得以完善。两个文件均明确了班主任教师在学校教育中的重要地位和作用，强调了班级是学校进行教育、教学工作的基本单位，班主任教师是班集体的组织者和指导者，对班级学生的全面健康成长、协调本班任课教师的教育工作，以及建立学校教育与家庭教育之间的沟通联系、形成有效的家校合作等起着重要作用。

2004年，《中共中央国务院关于进一步加强和改进未成年人思想道德建设的若干意见》强调，学校各项管理工作都应明确育人职责，做到管理育人。文件针对班主任工作指出，"要完善学校的班主任制度，高度重视班主任工作，选派思想素质好、业务水平高、奉献精神强的优秀教师担任班主任"。

2006年，《教育部关于进一步加强中小学班主任工作的意见》指出

"中小学班主任是中小学教师队伍的重要组成部分，是班级工作的组织者、班集体建设的指导者、中小学生健康成长的引领者，是中小学思想道德教育的骨干，是沟通家长和社区的桥梁，是实施素质教育的重要力量"，并进一步明确了班主任工作的重要意义和职责，对班主任教师的选聘、培训和保障等管理机制做出了说明。

（二）班主任教师地位的确立

事实上，中小学教师围绕学生开展的教育工作主要有两方面内容，一是课堂教学工作，二是班级管理工作，这两方面具有不同的专业性质。从事教学工作的教师主要负责学生基于学科或课程的课堂教学与学习活动，需要教师以掌握学科专业素养为基础；从事班级管理工作的教师主要负责班级学生的日常管理和教育，以掌握学生的身心全面发展及教育管理规律为基础，这一工作主要由班主任教师承担。班主任教师工作的实质是基于以班级为单位的组织，对学生的心理与行为健康成长及全面发展加以引导与管理。

《教育部关于进一步加强中小学班主任工作的意见》强调："做班主任和授课一样都是中小学的主业，班主任队伍建设与任课教师队伍建设同等重要。"同时，该意见也明确提出："班主任岗位是具有较高素质和人格要求的重要专业性岗位，应由取得教师资格、思想道德素质好、业务水平高、身心健康、乐于奉献的教师担任。"可见，班主任教师工作的专业性在国家政策法规中得到了确立。

2009 年教育部颁布的《中小学班主任工作规定》指出："班主任是中小学日常思想道德教育和学生管理工作的主要实施者，是中小学生健康成长的引领者，班主任要努力成为中小学生的人生导师。"该规定进一步强调了班主任教师在中小学校教育中的重要地位，规范了班主任教师的工作内容和工作量，明确了班主任教师的基本经济待遇和教育学生的基本权利及政策保障。而且，该规定特别强调："教师担任班主任期间应将班主任工作作为主业。"

2010年颁布的《国家中长期教育改革和发展规划纲要(2010—2020年)》也强调要重视"班主任培训"，创新德育形式，丰富德育内容，不断提高德育工作的吸引力和感染力，增强德育工作的针对性和实效性。它从国家战略发展层面再一次强调了班主任对实现学校教育目标的重要地位和关键作用。班主任教师作为班级工作的组织者和引导者，作为学校、家庭与社区之间沟通的桥梁和纽带，对学校开展德育工作尤为重要。

在我国中小学校，班主任教师这一职业角色与班级授课制的出现紧密相关。可以说，班级或班集体为班主任教师这一承担班级学生管理责任的专业角色奠定了基础。

基于班级授课制的组织形式，学校按照规定的学生数量和管理标准，把学生编为不同的班级，这为班主任制度的确定奠定了"天然"的组织基础，班主任教师主要负责班级及学生的日常管理工作。在中小学校教育体系中，随着班级授课制这一教育教学组织形式的发展，班主任教师这一职业得以产生并不断获得专业化发展。

世界各国中小学校对学生教育与管理工作(我国主要由班主任教师承担)这一职业角色的称谓多种多样，其职责和任务有相似之处，也有不尽相同的地方，其核心职责是负责除了课堂教学工作之外的学生教育与管理工作。

在欧美经济发达国家的中小学校，虽然没有"班主任"这一称谓，但是设置了专门的学生管理岗位，由教师轮岗或值班，专门负责学生的日常教育与管理工作。比如，有的学校安排专门的教师负责一个年级的学生管理工作，有的学校甚至由校长直接来处理学生问题。这与这些国家的中小学校学生人数少、班额小不无关系。比如，美国多数州的中小学校的学生人数在 500 人左右，每个班级的学生人数一般不超过 30 人，其教育主管部门通过制订各种学校发展计划和管理制度，力求控制或减少班额，并通过改进和完善学校管理措施，努力提升教师专业素质，以更有效地做好学生管理事务。

相比较而言，我国的中小学校往往学生人数较多，班额较大，学生人数上千甚至几千人的超大规模学校并不少见。学生的管理问题直接由校长或个别学校管理者去解决并不现实，因此，班主任教师的作用尤为重要。我国中小学校通常设置、安排一名班主任教师负责一个班级的学生管理工作。这种由班主任管理班级的组织形式与我国的国情和教育发展实际情况密切相关。

概括而言，“班主任”这一职业称谓是我国中小学校负责班级管理与学生教育的一个教育名词。我国相关教育政策规定，学校教育以班级为单位，每个班级配备一名班主任。班主任是一个班级的组织者和管理者，是一个班级学生的教育者和引导者，全面负责班级学生的思想品德、身心健康、个性品质等方面良好发展的引导和促进工作。

三、班级授课制给班主任带来的挑战

(一)大班额班级的管理困境

当前，我国中小学教育实践中，班级授课制有其存在的现实价值，依然是中小学校最主要、最有效的教育教学组织形式。

首先，我国人口众多，中小学生人数众多，优质的学校教育资源较为缺乏，特别是在一些经济、教育较为发达而且人口密集的地区，班级授课制能提高教育教学的综合效率，满足大量学生学习的现实需求。其次，我国社会发展迅猛，科技、经济发展较快，科学技术、教育文化等各行业急需大量人才，班级授课制在短时间内能满足培养大量人才的社会发展需求。

然而，不可否认，传统的班级授课制在适应学生身心发展的差异性和多样性方面存在一些弊端，不利于充分发挥每一位学生的主动性、独立性和创造性，不利于真正遵循因材施教这一教育最基本的原则，不利于实现个性化的教育教学活动。因此，班主任教师在班级管理中也面临着班级授课制本身可能忽视班级学生的个性或差异性而带来的管理挑战。

纵观学校教育的发展历史，学校教育教学组织形式从个别授课制发展演变为班级授课制，适应了时代发展的大背景要求。班级授课制自诞生以来，就对学校教育教学实践和社会发展产生着深远的影响，但是其自身培养人的机制也存在弊端，以群体培养人的功能也不能被无限放大。比如，当一个班级的学生人数众多、班额过大时，班主任教师的班级管理更是难以照顾到每一位学生的个体差异和个性化发展需求，这对班主任教师真正做到因材施教提出了更大的挑战。

进入21世纪，社会各行各业越来越注重人才培养与需求的个性化和多样化；学校教育更加重视培养具有完善个性、独立人格和创新精神的人才，更加重视培养能适应和促进现代社会发展的人才。这些都对班级授课制背景下班主任教师的班级管理提出了挑战，班主任教师工作如何适应新时代对新型人才培养的需求，值得深入思考。

具体而言，我国随着社会经济的发展和城镇化进程的不断加快，不少城镇中小学校的班级学生人数剧增，超出班级一般额定为40～50人的范围，出现“大班额”现象。教育部相关文件中对大班额的主要界定有两类：一类是班级人数在66人以上的“超大班额”，另一类是班级人数在56～66人的“大班额”。2018年，全国义务教育阶段大班额班级共有26.5万个，占全部班级数量的7.06%；超大班额班级共有1.87万个，占全部班级数量的0.5%。甚至，有个别地方的中小学校的班额超过了 100 人。[①] 数量如此多的学生拥挤在常规的教室空间，教师在教室里给学生讲课变成了“喊话”，学生的学习质量和班级管理效率都受到了极大的影响。

一次超大班额听课的体验

有一次去一所小学开展课题活动时，我向校长提出是否可以进课堂听课，校长显得有些为难，向我提出建议：“还是不要去听课了。”我有些不解，以往去中小学调研，校长都会欢迎我进课堂听课和评课，而这所小学的校长却不建议我进课堂听课。

于是，我询问其中的缘由。校长无奈地告诉我：“教室地方太小，你很难进去，也坐不下。”我不太理解，怎么会“坐不下”呢？校长告诉我学校班级的人数太多，平均班额 126 人，有个四年级的班级人数最多，有 136 人。他还无奈地告诉我，已经向上级申请盖一栋新教学楼，以缓解班额过大的压力，但是还没有批复。

在我的坚持之下，校长同意我进课堂听课。校长带着我来到班额最大的那个四年级班级教室的前门口，准备上课的教师从教室前门的小窗口看到校长和我的到来，于是让全班学生起立。我起初误以为学校过于注重搞形式，欢迎校长和我的到来，其实全班学生起立是为了一起抱起课桌往教室后边挪动，如此教室的前门才能打开。

校长向上课的教师介绍了我的来意之后就走了。我走进教室，教师关上门之后，全班学生再一起抱着课桌向前挪动。我在教室的后面找了一个“夹缝”勉强坐了下来。我看到教室里的小学生密

---

① 陈梦谣：《教育部：2018 年如期完成化解义务教育超大班额任务》，http://www.moe.gov.cn/fbh/live/2019/50340/mtbd/201902/t20190227_371419.html，2020-08-08。

密麻麻地挤在一起坐着，上课的教师身上背着一个扩音器，开始上课。那节课我与全班学生都是在“夹缝”中度过的，而这种“夹缝”中的课堂学习，对于学生来讲却是一种常态。

下课后，我本想像往常一样与上课的教师交流一下，但是，当全班学生起立再次抱起课桌往后挪动，以便教室的前门能打开的时候，我不知道该与上课的教师说些什么，于是急促地走出了教室。

让我没有想到的是，我刚走出教室，上课的教师就追了出来，一边流着眼泪，一边自责地对我说：“这节课没有上好！”我一边安慰教师，一边想：“这么多学生，这课怎么上啊！”教师虽然有一块相对不那么拥挤的讲台，但是不也生存在另一种“夹缝”中吗？

大概两三年之后，在参与当地的一次校长培训活动时，我偶然有机会遇到了这位校长。他欣喜地告诉我，学校的新教学楼终于盖好了，班级人数锐减，班主任教师管理班级的负担减轻了许多。然而，我问校长，现在一个班级有多少学生，校长告诉我，平均班额降至 90 人。我怀疑听错了，多次确认，的确，现在一个班级平均班额是 90 个学生。用校长的话说：“这个班额很少了，已经感到很幸福了！”

大班额班级给教师管理和学生个性发展都带来了较为严重的影响，治理中小学校大班额、超大班额的问题迫在眉睫。

2018 年 2 月，《教育部办公厅关于做好 2018 年普通中小学招生入学工作的通知》明确指出：“小学、初中、普通高中起始年级应按照不超过国家规定班额标准招生，严格控制存在大班额、大校额学校的招生计划，合理分流学生，确保 2018 年实现义务教育阶段学校基本消除 66 人以上超大班额目标，消除 56 人以上大班额工作取得更大进展。”

各省、市、县政府要制定消除中小学校大班额问题的规划，督促并落实相关政策措施，确保目标如期实现，到 2020 年基本消除城镇大班额。

班级的学生人数是衡量班主任教师工作量的一个重要指标，也是影响班主任教师的班级管理效果的重要因素。在重视学生个性发展的学校教育文化氛围中，较少的班级人数通常意味着学生会受到教师更为个性化的关注和引导。对此，国外一些研究表明，小班额可以减少教师的学生管理工作负荷，也有助于提升学生的学业表现。

然而，即使学校班级组织形式实现了小班额，班主任教师要真正做到因材施教也并不是一件容易的事情。尤其当学生发展越发多样性、越发充满个性差异时，班主任教师面临因材施教的班级管理挑战就更大，需要班主任教师具有更高的专业素养，付出更大的辛勤劳动。

在我国现阶段学校教育背景下，关于超大班额、大班额和小班额的管理特点及其与学生成长、与班主任教师专业发展的关系，都有待深入研究。

（二）小班化组织形式的研究启示

大班额的班级授课制有利于整体提升教育教学效率，但也被认为不利于给予每个学生充分的、个性化的关注和指导，不利于班主任教师开展学生管理工作和任课教师开展课堂教学工作，这是一个值得批判考量与反思的问题。于是，有些观点开始认为：小班化班级教育教学组织形式更有利于学生的全面而有个性的发展，应该成为班级授课制的发展方向。

20 世纪 70 年代末，欧美一些经济较为发达的国家开始在学校教育领域进行小班化教学的实验研究。班级规模与教师的教学效果、学生的学习效果之间的关系得到很多研究者的关注。一些研究项目采用各种方法，从现有的研究结果及分析中获得了较为一致的研究结论，即降低班级人数规模与增进学生的学习效果有着紧密联系。

阿基利斯(Achilles，2003)指出，关于班级规模缩减的研究表明，较小的班级规模有助于提高学生的学业成绩，有效改善学生在课堂内外的行为和纪律，提高学生的公民意识和体育素质，同时，小班化授课也能够更大程度地吸引和留住优秀的教师。

针对欧美发达国家的中小学校，尽管有一些研究指出，班级规模的大小并不影响教师的教学和学生的学习效果，但是大部分研究结果更倾向于表明，教师面对较小的班额，其教学与学生学习效果更佳。

我国从20世纪80年代末开始，北京、上海、天津、香港等多地在借鉴国外小班化教学的相关理论与实践的基础之上，结合当地学校教育教学实际情况进行小班化教学实验研究，也取得了一些有价值的研究成果。

20世纪80年代末至90年代中期，我国关于小班化教学的研究尚处于早期酝酿阶段，并且呈现出“引进”的特点，以介绍国外小班化教学研究和实践，将小班化教学作为我国教育教学组织形式改革的趋势进行宣传。总体而言，介绍和呼吁性质的文章较多，而实证研究较少；20世纪90年代中期至21世纪初的相关研究，倾向于对我国本土小班化教学的实践经验进行总结，而目前的研究则关注对小班化教学中的客观困难和实际操作重点进行反思(杨中枢，2012)。

哈菲特(Harfitt，2013)以香港四位教学经验较为丰富的教师作为研究样本，进行质性研究，探索了班级规模与教师的教学实践之间的关系。这四位教师分别负责相同年级但班额不同的班级的英语课教学活动，具体包括一个班额较大的班级和一个班额较小的班级。该研究主要以质性资料为基础，发现不同班额之间教师的教学效果的确有所不同，而且，在课堂师生互动模式、课堂组织、课堂规则的建立以及教师教学的风趣幽默特点等方面都有显著的差异。该研究结果还指出，班额的减小可以使教学和学习效果得到有效改进，但是，如果教师面对小班额的班级仍然使用大班额的教学法，而不寻求通过替代的教学法来发挥较小班额班级的优势，也可能不会获得更好的教学效果。

关于班额及小班化组织形式，国内外研究都倾向于这样一种认识，即减少班额将有助于学生成长，也有助于教师的教育教学工作和教师专业发展。但是，国内外研究也呈现出这样一个现实问题，即尽管减少班额具有重要意义，但是学校教育管理实际操作起来并不是一件简单容易的事情。

从我国社会经济发展状况来看，我国中小学校很难像欧美经济发达国家那样较为普遍地实现小班额的班级教学与管理。具体到教育资金、资源、设备，以及小班化带来的教师专业素养的质量和数量问题都不容忽视，尤其出于对教育财政支出和具体教育操作环境的考量，小班额在我国中小学校的推动仍然面临重重困难。

况且，从教学视角来看，教师所教班级班额的大小对其教学效果是否有影响、有什么样的影响，这些问题仍然存在着值得深入探讨的余地。在我国中小学校教育背景下，班额大小与学生学业发展、与教师教学效果之间的关系是否也有类似欧美学校小班额的特点和规律，同样有待进一步深入研究。

比如，在我国一些地方的学校教育实践中时常会出现这样一种现象，有的学校的班额较大甚至超大，但是其学生在当地每年的学业考试或统考中均能名列前茅。这导致越来越多的家长期待把孩子送入这样的学校学习，于是学校的班额可能变得更大。因此，有必要对影响班额与学生学习的各种因素进行全面分析与深入研究，比如，导致学生学习与发展的原因有很多，父母文化背景、家庭经济状况、父母教养方式、教师的教学素养、班主任教师的专业素养等都在不同程度上会影响学生的健康成长。

而且，从学生管理的视角来看，班额的大小对于班主任教师的管理工作存在着何种关系，也值得深入研究。班主任教师的班级管理实践表明，大班额或超大班额的班级常常使得班主任教师疲惫不堪、疲于应付。当然，有些小班额的班主任教师似乎并不因为学生班额减少而感到工作轻松，也与大班额的班主任一样常常出现工作倦怠的状况，觉得班主任工作并不容易，很是辛苦。

可见，除了班额因素之外，还有许多其他因素，诸如学生的发展特点、家长的教育理念、学校管理机制，以及班主任教师自身的专业素养等，对班主任教师的班级管理工作效率都具有重要的作用。

目前，关于班额的研究多指向班额大小与教师的课堂教学和学生的学业表现之间的关系，但是，对班额大小与班主任教师班级管理相关因素及学生全面发展之间的关系及规律仍缺乏基本的关注。而且，由于欧美国家的中小学校没有“班主任”这一职业称谓，因此在其研究领域很少有研究直接探讨班额与班主任教师的班级管理之间的关系。

在我国中小学教育背景下，班额大小与班主任的班级管理和学生教育效率之间有着密切而又复杂的关系，班主任教师对学生的健康成长具有至关重要的作用。探讨班额大小与班主任管理的关系具有重要的理论与现实价值，值得深入研究。

第二章

班主任教师的发展困境

当前，学校教育发展与管理改进研究与实践非常重视班主任教师的专业化。班主任教师专业化程度逐渐成为衡量其专业发展水平和社会地位的重要依据。近年来，中小学班主任教师专业化越来越得到社会各界的广泛认同，班主任教师专业素养不断提升，专业发展也取得了很大进步和成效。

但是，班主任教师承担着班级管理和学生全面发展教育的重任，其专业发展仍存在着很多发展困境，需要班主任教师积极应对，努力突破专业发展的困境。比如，许多班主任教师缺乏基本的工作意愿，从事班主任工作的内在动力不足，班级学生发展出现的问题越发多样复杂，家庭教育存在很多不合理或不适当的问题表现，班主任工作管理机制仍不完善等，这些都值得积极关注、深入探讨。

一、现实问题：教师愿意当班主任吗

(一)班主任教师的工作意愿

意愿是指一种毫不勉强的同意态度，是战略上想要达到的某种目标，是人们所“期待的前景”(蔺佩洋，2017)。意愿反映着个体的需要和态度，表现为确定发展目标并努力达成。

教师从事教育工作的意愿是特定主体对专业认知或职业认同显性的、综合的表现形态(刘瑞霞，2013)。从事班主任工作的意愿是教师的一种内在的心理状态，它是教师对班主任工作事务的接纳态度，往往是基于教师对班主任工作的职业认同感而产生的对班主任工作的价值判断、情感体验以及行为选择的心理倾向。

班级或班集体是学校德育工作及全面发展教育工作开展的主阵地，班主任教师的班级管理工作是学校各项教育工作实施的主要渠道。班主任教师作为班级管理的最直接、最主要的责任人，对班级学生的全面健康成长具有至关重要的作用。

班主任工作意愿是教师从事班主任工作的基本前提，它有助于激发班主任教师的工作兴趣、提升班主任教师工作的内在动力，为班主任教师在班级管理和学生教育过程中取得良好成效奠定基础。

如果教师缺乏从事班主任工作的基本意愿，就意味着其开展班主任工作可能缺乏足够的动力，这势必影响班主任教师在班级管理与学生教育方面的工作成效。

(二)教师缺乏班主任工作意愿

班主任工作是中小学校实施班级授课制背景下班级管理的重要岗位。班主任工作因其承担着班级管理和育人的责任而在整个教育工作中尤为重要。班主任教师是学校教育工作最基层的组织者和协调者，是班级学生管理第一线的骨干教育力量。做好班级管理工作、促进学生良好发展，是中小学班主任教师的重要职责。

在许多中小学校，几乎所有教师都认识到班主任工作在学校教育中的重要地位和价值，却很少有人愿意主动承担班主任工作。而且，有研究表明，担任班主任工作的教师中有相当一部分人不愿意担任班主任，甚至不愿意从事教育工作，班主任工作积极性普遍不高(曾新基，2014)。

学校每年的班主任教师人事调整，安排班主任工作是一件大事，也常常是学校管理者与教师们不愿面对的事情。教师们对班主任工作敬而远之、避而远之，学校的班主任工作经常陷入“无人肯干”的困境。比如，有一位中学教师表示：“如果校长没有找自己约谈担任班主任的事情，那就要庆祝一番。”而且，许多已经担任了班主任工作的教师，工作积极性也不高，工作倦怠感较为严重。这似乎是班主任教师较为普遍的职业心理状态。

事实上，我们在许多中小学校调研时，当问及教师：“你愿意当班主任吗?”教师们普遍回答：“不愿意。”当问及校长：“教师们愿意当班主任吗?”校长们也普遍回答：“不愿意。”

一些研究也表明，多数教师对从事班主任工作缺乏积极性和主动性。有研究针对中学班主任教师进行调查，结果表明班主任存在工作动力低下问题：30%的班主任教师明确表示“不愿意当班主任”；61%表示担任班主任工作是服从学校领导安排，自身并没有主动要求；只有 9%的班主任教师表示愿意担任这项工作。多数班主任教师接受这项工作是考虑到评职称、评优评奖等因素。教师不愿意当班主任的主要原因是“工作压力大”和“付出与回报不成正比”。60%的班主任对工作津贴不满意(郑其瑞，2010)。也有研究针对 190 名高中教师进行问卷调查，结果发现 67.4%的教师表示不愿意担任班主任工作，仅有7%的教师表示愿意担任班主任工作(刘睿，2016)。还有研究针对高中班主任教师进行问卷调查，结果发现，总体来看，教师担任班主任工作的意愿不高(蒯义峰，2017)。

概括而言，影响班主任工作意愿的原因可以概括为外在管理因素和内在心理因素。外在管理因素主要包括班主任工作本身的职责要求、学校的管理制度、组织氛围和工作压力等；内在心理因素主要包括教师对班主任工作价值的认识、对班主任工作的情感表达、教师内在个性特质以及班主任工作带来的心理压力等。

值得关注的是，有的教师表示，尽管自身对班主任工作不感兴趣，而且自身的个性特点也不适合担任班主任工作，但是学校规定从事教学工作的教师必须担任班主任工作，否则无法参加职称评定以及各种评优评奖活动。因此，担任班主任工作实在是他们的无奈之举。

为什么班主任工作让教师感到如此无奈、无趣和无力呢？这是因为班主任工作太累、太辛苦，是因为学生越来越不好管理，是因为家长的教育期待和要求过高，是因为教师个人专业能力不足，还是因为学校的班主任教师管理机制不合理呢？

二、班主任教师发展困境分析

关于教师不愿意担任班主任工作的原因，我们在一些中小学调研中发现，许多教师和校长都表示其原因很多样、很复杂。繁杂的班级及学生管理工作使班主任教师感到较大的工作压力。有观点指出，班主任教师承担着繁重的教育任务，其身心疲惫的状态值得关注(李明，黄泽军，2013)。

许多教师和校长表示，有许多原因导致教师不愿意担任班主任工作。诸如学生发展问题趋于多样化和复杂化、家长期待过高、班主任津贴过低、班主任面对的事务性工作过多、自身特点不适合等，都影响着教师从事班主任工作的意愿。

当前，班主任工作现状使学校管理和班主任自身面临着诸多困境。中小学教师不愿意从事班主任工作，这种心态很可能会导致其从事班主任教师工作动力不足。此外，班级学生的发展问题、家庭教养方式问题、班主任工作的岗位津贴与薪酬等管理机制问题都值得深入思考。

(一)学生发展问题趋于多样化和复杂化

随着时代的发展和社会的进步，中小学生心智发展似乎比以往任何时代都显得更丰富、更多样、更充满智慧和创新，尤其是学生的批判思维和独立人格都较以往时代有更成熟的发展。于是，不同时代学生的表现和班主任教师的教育管理理念与方式都有着不同的表现和演进。

比如，在20世纪90年代，班主任教师在处理中学生的“早恋”问题时，曾有一个案例被教育主管部门评为优秀班主任工作案例。具体表现为，班主任教师把“早恋”学生的座位隔开，使其在教室里“天各一方”，想方设法把“早恋”的学生成功地拆散了，并且成功地让学生认识到了“早恋”的危害，把时间、精力投入到功课学习和学业活动中。

然而，到了2000年，处理中学生“早恋”的优秀案例就演变成了班主任教师不仅没有“拆散”学生的意思，反而特意安排“早恋”的学生坐同桌，使学生可以密切交往。结果，没过多久，学生之间由于相互了解而自然“分手”了。

可见，班主任工作往往被赋予时代的烙印，以往一些被认为是优秀的班主任工作案例，在现今时代却可能变得没有实效、不合时宜。如今到了2020年，班主任教师如何处理班级学生发展过程中出现的各种问题，可能更加需要一些富于智慧的、有专业技术含量的、科学有效的教育理念、策略和方法。

简单而言，当今时代，学生发展越来越具有复杂多样的特点，学生在许多时候似乎变得不像以往时代的学生那么“听话”，班主任教师也很难再简单采用“管、卡、压”等传统的教育方式来处理和解决学生的发展问题。班主任教师在班级管理和学生教育上必然比以往时代更需要耐心、智慧和专业性。

如何应对学生的质疑

在一所小学，有一位三年级的班主任教师在班会课上给班级学生讲解《弟子规》。当讲解到其中一句“父母呼，应勿缓；父母命，行勿懒。父母教，须敬听；父母责，须顺承”时，教师解释其意思是：“父母叫你的时候，你的应答不能迟缓；父母让你做事的时候，你不能偷懒，要马上去做。父母的教诲，要恭敬聆听；父母的责备，要顺从接受。”

这时，有个学生向教师提问，质疑《弟子规》的内容：“如果爸爸妈妈让我去做坏事，我去做吗？”

教师回答：“当然不能。”

学生继续问：“如果爸爸妈妈教的是错的，我还要听吗？”

教师回答：“当然不能听。”

学生质疑：“那么《弟子规》讲的‘父母命，行勿懒’‘父母教，须敬听’，我觉得讲得不对。”

这位班主任教师一时难以应对。

这里并不讨论班主任教师如何应对学生对《弟子规》的质疑，而值得思考的问题是，当今时代的学生是不是比以往任何时代都见多识广、富有思想呢？他们比以往任何一个时代的学生更熟悉互联网，更熟练地使用电脑，有着更丰富的知识和技能，有着全国各地乃至世界许多国家的旅游经历，等等。

因此，班主任教师在管理班级及处理学生问题时，是不是需要对许多相关事物有着更为深刻的认识、理解和思考呢？是不是需要对学生发展的普遍规律和每一位学生的个性特点有着更充分的了解呢？

(二)家长对孩子的溺爱和不合理期待

家长作为孩子的重要教育者和影响者，往往出于感性，对孩子充满爱心，这是理所当然的。可以说，每位家长都爱自己的孩子，但是如果这份对孩子的爱过度了，就会变成溺爱。溺爱孩子的家长往往不顾基本的教育原则和规律，只顾满足孩子的个人愿望和需求而对孩子娇生惯养、放任纵容，任凭孩子的言行表现超越了正常生活的界限范围，使孩子的成长看似随心所欲，却扭曲、畸形、蕴含危机。

在溺爱的家庭背景下，随着孩子的不断成长，社会规则和秩序往往会给这样的孩子带来巨大的心理冲击，导致其在社会适应中遭受挫折，对自身产生消极的影响，甚至导致不良的社会后果。从长远来看，在家庭教育过程中，家长对孩子的溺爱有损孩子的身心健康成长。

真爱孩子的家长往往遵循人的身心发展和教育的基本规律，注重培养孩子良好的个性心理和品德行为，注重培养孩子友善地对待他人，并形成对社会的责任感，建立规则意识。

无可厚非，家长出于对孩子的爱，往往对孩子的未来发展持有美好的期待。但是，如果家长对孩子期待过高或不考虑孩子的实际发展状况，也可能给孩子的发展造成不良的影响。比如，家长连简单的乐谱都不懂，缺少基本的音乐素养，却给孩子买钢琴，并报钢琴班，要求孩子在这方面有所造诣，而不考虑孩子的学习兴趣和感受。在家长的强制下，孩子只能噘着嘴伤心地坐在钢琴前练习。也许这种教育可以让孩子学会钢琴的技巧，但很难想象这种教育能培养孩子对钢琴的兴趣和热爱。

当家长对孩子的溺爱和不合理的期待与班主任教师的教育理念发生“碰撞”时，时常会给班主任教师带来较大的班级管理压力和教育困惑。比如，有一位小学班主任教师表示，班级教室的座位是按照学生身高排列的，而且过一段时间就分区前后循环就座，以保障全班学生们都有机会坐在前排，但是有的家长只希望把自己的孩子安排坐在教室前排，以利于自己孩子更好地学习。甚至有的家长为了达到这种不合理的目的，找校长或相关教育领导来干预班级管理工作，给班主任教师带来较大的工作压力。

又如，有一位班主任教师反映，班级一位学生的家长通过学校上级主管部门的非正常、不合理的途径，希望班主任教师安排自己的孩子当班长。虽然班主任教师对家长的“非分”之想予以婉拒，但这无形中增加了班主任教师的班级管理负担和压力。

为了更好地培养学生，学校教育要处理好与家庭教育的关系。一方面，学校教育要“占领”家庭教育的阵地。班主任教师要积极引导学生家长学习科学合理的家庭教育理念，不断引导家长改善对孩子的教养方式，从而使家长成为班主任教师管理班级和教育学生的合作伙伴，形成家庭教育与学校教育的合力。另一方面，班主任教师要清晰认识到学生发展的不良家庭教育的根源，不能为不良家庭教育所带来的学生问题“埋单”。学校教育实践中，一些不良家庭教育所导致的学生的不良品行及制造的问题，有时却让班主任教师来“埋单”，这对班主任教师来说是极不合理的，也是非常不公平的。

(三)班主任工作事务繁杂

在学校教育现实中，班主任教师往往既担任着课堂教学工作，又担任着班级管理的重任①，因而普遍感受到班主任工作琐碎繁杂。班主任教师每天忙于处理班级学生、家长及学校内部与外部的各种相关

① 由于班主任工作与教学工作是两种不同性质的专业，本书提倡班主任工作与教学工作相互“分离”又“兼容”，并提倡设置专职的班主任教师岗位，制定专门的班主任教师招聘、培训、考评和津贴薪酬等管理机制。对此，本书将在第五章“班主任教师专业化的实质”和第六章“班主任教师专业化的管理挑战”中加以探讨。

事务和活动。班主任教师要管理好班级，处理好涉及学生发展的各种或大或小的问题，特别关注做好学生德育工作，努力使学生获得全面发展。用班主任教师的话说："从早到晚，总是有忙不完的事情。"

比如，学校的各项主题活动，要通过班主任教师来组织班级学生开展；班级各种教育活动，要由班主任教师来组织协调；学生身心出现不良状况了，要找班主任教师来指导解决；学生之间发生冲突或出现错误了，要找班主任教师来协调或指正；家长对班级管理和学生教育有疑问，要找班主任教师来咨询；甚至，学生在任课教师的课上不专心听讲，任课教师也要找班主任来解决。

正如班主任教师所言，在班级管理中，每天面对几十个学生，总有几个学生迟到、早退，总有几个学生不交作业，总有几个学生闹点儿小矛盾、小冲突。诸如此类的琐碎的班级管理问题，离开班主任教师都不行。而且，时常还有班级的任课教师、学校领导以及学生家长等班级管理相关人士要找班主任教师就学生事务进行沟通交流。

许多班主任教师表示，处理班级事务就像是"无底洞"，似乎越处理，事情就越多，没有止境。特别是一些与学校教育和班级管理没有直接关系的事务性工作，班主任教师也不得不疲于应对。比如，有位教师反映，为了创建文明卫生城市，当地某个管理部门要求学校的班主任教师带着班级学生周末去协助清洁、治理城市街道。又如，有位校长无奈地表示，上级多个部门相继要求学校搞同一个主题的征文活动，而这些主题活动与学校教育并没有直接关系，但是学校也无法回避，具体事务都压在了班主任教师身上，班主任教师不得不组织班级学生围绕同一个主题一次又一次地应付征文活动。

此外，与班主任工作直接相关的具体事务涉及召开班会、家长会、家访、接待家长来访、执行学校领导及教育主管部门安排的工作等。还有一些与班主任工作相关的文书撰写工作，主要涉及制订班级管理工作计划、班级管理日常记录、班会记录、班主任工作总结、每学期给每个学生的书面评语或鉴定、学年述职报告等。

甚至，有的学校还要求班主任教师从事与班级管理相关的教育科学课题活动或定期撰写与班级管理相关的科研论文，并规定以此作为班主任工作考核的指标。这种以参加教育科学课题活动或撰写科研论文作为班主任工作评价考核指标的管理方式是否科学、合理，值得深入研究和论证。

班主任教师一定要做教育科学研究吗

自从斯滕豪斯(Stenhouse)针对中小学教师发展提倡“教师作为研究者”(teacher as researcher)以来，教师从事教育科学研究开始受到各国教师教育与管理领域的关注(Leat，Reid & Lofthouse，2015)。教育科学研究主要包括教育理论研究和教育实践研究两个部分，中小学开展的教育科学研究以教育实践研究为主(刘金虎，2016)。

“教师作为研究者”已成为教师专业发展的一个重要趋势，教师的教育科学研究活动有助于其获得实践性知识，提升专业能力，成为研究型教师。事实上，国内外一些研究都表明，教师从事或参与教育科学研究活动有助于促进教师专业发展，有助于教师成长为专家型教师。

近年来，在教师专业发展备受关注的教育背景下，我国中小学管理越来越关注班主任教师围绕班级管理开展教育科学研究活动，关注研究型、专家型班主任教师的培养。班主任教师从事或参与教育科学研究活动似乎成了其专业发展的代名词。

不可否认，班主任教师有效地开展教育科学研究，有助于其提升专业素养、促进专业发展。教育科学研究是提升班主任教师专业发展的有效途径。就中小学班主任教师的专业发展而言，教育科学研究本身是个积极有益的“好东西”，但是教师发展与教育科学研究之间的逻辑关系非常明确，“教育科学研究”是“教师专业发展”的充分但不必要条件，即教育科学研究有助于教师获得专业发展，但教师获得专业发展并不一定要靠教育科学研究，其他许多途径也有助于教师的专业成长。因此，学校管理可以提倡班主任教师从事教育科学研究活动，班主任教师也可以自主为之，而不必要求教师一定要做教育科学研究。

但是，一些地方的学校管理强制或变相强制班主任教师一定要做教育科学研究，把诸如主持课题、参与课题、撰写和发表科研论文等教育科学研究活动及其成果作为班主任教师评优、评奖、评职称、职务晋升等工作的评价指标，而忽视班主任教师实际的专业发展状况。

于是，当前许多中小学校实践领域，班主任教师从事教育科学研究活动的意愿和动机并不强烈，教育科学研究往往成为班主任教师被动为之的事情。进而，班主任教师的教育科学研究与教师专业发展变得有些脱节。班主任教师热火朝天地搞教育科学研究，却与班级管理和学生发展的实践活动缺乏有价值的联系。

因此，当前中小学校及教育管理部门对班主任教师从事教育科学研究的管理方式是否妥当，值得商榷。

归根结底，学校管理可以鼓励班主任教师做教育科学研究，而不是强制其做。学校管理要把从事教育科学研究的自主权交给班主任教师，并且激发其从事教育科学研究的自主性，班主任教师才会结合自身班级管理需要，积极主动地开展教育科学研究活动，使教育科学研究真正为班集体建设和学生发展服务。

德西和瑞安(Deci & Ryan，2008)的自我决定动机理论指出，人的动机从外部动机到内部动机形成一个连续统一体，相对于动机的“量”，动机的“质”或动机类型更加能够预测个体的行为倾向。基于自我决定理论，有研究指出，满足胜任、关系和自主三种心理需要的组织环境因素是增强内部动机并促进外部动机内化的有效途径(张剑，张建兵，李跃，2010)。

当学校成员意识到学校管理者或改革代理者给予了自主支持，相比外部动机来说，他们能体验更大的内部动机(Richer & Vallerand，1995)。而且，“教师作为研究者”并不是让教师像专业研究者那样去做研究、出研究成果，“教师作为研究者”的内涵实质在于教师研究性思维的养成和运用(张华军，2014)。

因此，中小学班主任教师获得外部赋予的自主权，有助于激发其从事教育科学研究活动的内在动力。他们会自主调控班级管理活动，会激发努力工作的内在动力，调动从事教育科学研究的意愿和动机，进而促进班主任教师获得良好的专业发展。对于班主任教师来说，要积极主动围绕班级管理开展教育科学研究活动，不断改进班级管理理念，提高引导班级学生全面发展的专业能力，努力成为专家型、研究型教师，从而使学校管理与班主任教师专业发展之间形成“良性循环”。

(四)班主任岗位津贴过低

在与全国各地的一些中小学教师访谈过程中，我们发现大多数接受访谈的教师(包括班主任和非班主任)都表示班主任岗位津贴太少。关键在于：与班主任教师的劳动付出相比，班主任岗位津贴既不公平，也不合理，极大地降低了教师从事班主任工作的积极性。中小学班主任教师的岗位津贴及其薪酬管理机制亟待改进和完善，以发挥其对班主任教师工作应有的激励作用。

近年来，随着我国社会经济发展越来越好，学校教育对班主任工作越发重视，一些地方的中小学班主任教师的岗位津贴不断提升，有的地方还有了较大的提升。但是，整体来看，中小学班主任教师的岗位津贴仍然不高，许多地方班主任岗位津贴还是较低或过低，而且不同地区存在较大的差异。甚至有的地方的教师表示，担任班主任工作没有任何岗位津贴。

因此，学校管理者必须意识到提高班主任岗位津贴和薪酬的重要性。它将有助于增强教师主动担任班主任工作的意愿和班主任教师的工作动力，有助于鼓励班主任教师通过勤奋努力和诚实劳动获得合理的工作回报。

班主任岗位津贴多少合适

班主任教师工作获得多少岗位津贴是合理的呢？这个问题应该有更充分的理论研究和实证研究来加以论证。不过，这里先做一个简单的逻辑分析，可以对此略有判断。

试想，有两位教师：一位教师每个星期上15节课，但不担任班主任工作；另一位教师每周的课时量也是15节，同时担任一个班级的班主任工作。那么，哪位教师的工作更辛苦？中小学教师们对这个问题的普遍回答是：“兼任班主任工作的教师更辛苦。”

再试想，有两位教师，一位每周只上15节课，而另一位不上课，只担任班主任工作。那么，哪位教师的工作更辛苦？对此问题，有的认为教学工作更辛苦；有的认为承担班主任工作更辛苦；多数教师认为两者性质不同，不好比较，算是差不多辛苦吧。

但是，只从事教学工作的教师和兼任教学与班主任工作的教师，两者的整体收入差距并不大，这反映出班主任教师岗位津贴并不高的问题。班主任教师的岗位津贴与班主任教师工作的劳动付出可能存在严重不相称的情况。

我们在一个经济较为发达城市的一所中学，针对教师进行访谈调研的过程中，一些班主任教师表示，自己学校的班主任岗位津贴在当地算高的，每个月有2000多元(这个数额应该高于全国许多地方的班主任岗位津贴)，但是许多教师表示对此并不满意，有的班主任教师表示：如果不是为了评职称，再加上校长多次找自己谈心，自己是不会当班主任的。

当问及教师们："如果班主任岗位津贴高一些，是否愿意当班主任?"有一位教师表示："可能有的教师会愿意。"那么班主任岗位津贴涨到多少合适呢？一位教师表示："没有指望过涨班主任岗位津贴，指望也没有用。"另一位教师表示："每月四五千(元)应该比较合适"。还有一位教师表示："对于班主任工作，岗位津贴并不是最主要的问题。提高班主任岗位津贴，可能有的教师会考虑当班主任，但有的教师还是不愿意。"

人们以诚实劳动获得相应的经济回报，这符合社会主义价值观的基本理念。对于一位普通的中小学班主任教师而言，凭借诚实劳动和自身专业才能获得相应合理的岗位津贴和薪酬回报，这符合"按劳分配"的社会主义分配原则，与当今社会所提倡的价值观并不冲突。

津贴和薪酬只是班主任教师管理机制的一部分，合理的津贴和薪酬是对班主任教师工作价值应有的回报。但是，当前有些学校的班主任教师岗位津贴及薪酬的现状，并不符合学校绩效工资改革所提倡的"多劳多得，优绩优酬"的薪酬管理理念，值得深入思考和研究。

(五)班主任教师缺乏内在动力

教师不愿意担任班主任工作，并不意味着教师承担了班主任工作后对此不负责任，相信多数班主任教师都具有责任感并辛勤工作着。但是，如果基于“不愿意”的心态从事班主任工作，那么这种工作更大程度上是出于外在动机，而不是内在动机，而内在动机对人的行为具有更持久、深刻的推动作用。

有关内在动机的研究表明，当人们从事某项任务时，内在动机可以为个体持续投入时间和精力提供基本动力(Vroom，1964)。同时，内部动机还使个体对工作具有一种信念，形成积极的认知和情感状态。内在动机不仅与个人需求、兴趣和自我效能感有关，而且与活动本身是否复杂、是否具有创造性有关(陈志霞，吴豪，2008)。

依据自我决定理论，个体内在需要的满足是通过与外部社会环境之间的互动实现的(Deci & Ryan，2000)。自我决定理论强调，人们具有自主权、胜任感和归属感等基本心理需要，工作中的行为和态度受到个体需要的影响，当外界环境无法满足基本需要时，个体会在其内在动机的驱动下工作并发挥创造潜能(Deci & Ryan，2000；Gagné & Deci，2005)。

因此，激发班主任教师从事班级与学生管理工作的内在动机，应该是学校班主任教师岗位管理不断追求和努力的方向。学校管理需要努力改善班主任教师工作的外部环境因素，为班主任工作提供更好的服务和保障，以提升教师从事班主任工作的意愿和内在动机。

事实上，并非所有教师都不愿意当班主任。比如，我们在一所中学进行课题调研时发现，有一位教师在承担学科教学任务的同时，竟然兼任了两个班级的班主任工作。这位教师本来已经担任了一个班级学生的班主任工作，又主动向校长提出希望多承担一个班级的班主任工作。他在两个班级的班主任工作都开展得井井有条，同时，他的课堂教学工作表现也很优秀。这所学校班主任教师的岗位津贴并不高，想必这位教师并不是出于班主任岗位津贴而承担繁重的班主任工作。当问及这位教师为何多承担一个班级的班主任工作时，他的回答非常简单："我喜欢当班主任。"可以看出，内在动机和意愿对班主任教师工作具有巨大的推动作用。

2006 年，《教育部关于进一步加强中小学班主任工作的意见》明确指出："经济社会的深刻变化、教育改革的不断深化、中小学生成长的新情况新特点，对中小学班主任工作提出了更高的要求，迫切需要制定更加有效的政策，保障和鼓励中小学教师愿意做班主任，努力做好班主任工作；迫切需要采取更加有力的措施，保障和鼓励班主任有更多的时间和精力了解学生、分析学生学习生活成长情况，以真挚的爱心和科学的方法教育、引导、帮助学生成长进步。"

试想，教师在"不愿意"或"被愿意"的心态之下从事班主任工作会有理想的或良好的工作状态吗？如何改进学校管理，以保障教师有意愿、有兴趣、有内在动力来从事班主任工作呢？是不是有些教师更适合担任班主任工作，有些教师更适合从事教学工作，而有些教师两者都能胜任呢？对此，需要从班主任教师专业化的视角加以深入探讨。

（六）班主任教师缺乏专业性

班主任工作本身是一种专业，班主任教师是专业人士。虽然社会各界对班主任教师的专业地位有所认识，但是有些时候对班主任教师的专业地位仍缺乏真正的认可，学校管理对班主任教师的专业发展也缺乏足够的支持。更为重要的是，在班级管理过程中，个别班主任教师自身的专业行为时常出现问题而受到质疑，影响对整个班主任教师队伍的评价。

学校管理实践中，班主任教师专业发展存在一些问题。比如，有的班主任教师的班级管理时常有缺乏专业素养的表现；有的班主任教师甚至并不了解自己是否适合担任班主任工作，只是出于相关管理规定而走上了班主任岗位；有的教师在承担班主任教师工作之前和之后都缺乏应有的班主任专业资质的学习和培训；等等。

对于多数教师而言，在大学的专业学习期间更多熟练掌握的是关于学科教学相关的理念、知识与技能，而缺乏关于管理班级和教育学生的理念、知识与技能。有的班主任教师表示，虽然在大学期间学习过儿童心理学、教育学和管理学等相关课程，但是基本上已经“还给大学校园了”，没有与班级及学生管理实践联系起来。

事实上，班主任教师的工作是一项专业性非常强的工作。班主任工作与教学工作都具有专业性，但两者专业性质有着非常大的不同。班主任教师也需要接受专门的专业训练和学习。

比如，一位教师有优质的教学素养，能把课上好，但这并不意味着其一定能管理好班级及学生事务。班主任教师不仅要掌握班级管理相关的专业知识、理念和技能，还需要有适合从事班主任工作的性格与兴趣。因此，有的教师似乎天生就适合从事班主任工作，而有的教师即使非常努力想管理好班级和学生，却还是难以适应班主任工作。

我国改革开放以来，学校教育事业取得了突飞猛进的发展，学校的硬实力建设如教育教学基础设施、教育教学设备配备、校园环境塑造等都不断完善，而且学校的软实力培养如学校管理理念、教师专业化程度、教师专业发展水平、学生学业表现等都有极大的进步，尤其是学校教师队伍建设及教师素养获得了极大的提升。但是中小学教师，尤其是班主任教师工作仍然时常面临一些问题，其专业素养仍然有进一步提升的空间。

国务院颁布的《国家教育事业发展“十三五”规划》明确指出，当前教师队伍素质和结构不能适应提升质量与促进公平的新要求，有必要健全教师专业标准，完善教师资格制度，全面加强教师队伍学风、教风、作风建设，努力建设一支有理想信念、有道德情操、有扎实学识、有仁爱之心的教师队伍。

班主任教师队伍也需要得到建设，以使班主任教师不断提升专业素养，努力成为专业人士。如此，班主任教师才能在社会与学校组织中获得相应的专业地位。班主任教师专业发展是我国教育管理研究中一个非常重要的研究领域，它与班级建设、学生成长、家校合作、教育政策等内容密切相关。在我国学校发展与教师管理中，班主任教师的专业发展仍然面临诸多理论与现实的发展问题。

这个学生要“翻天了”吗

在一所小学，一位班主任教师非常困惑又有些生气地向我提出这样的疑问：“现在的孩子是不是要‘翻天’了？”

事情是这样的，新学期开学不久，一个新入校的一年级小学生上学迟到了，站在教室门口。可能由于学生迟到会被学校扣考勤分，这位教师显得有点儿不悦。不过，教师并没有表现出自己的不悦，而是控制着自己的情绪，对学生说：“你回家去吧，以后不用来上学了。”

我们都能听出来，教师的本意是想让这位小学生意识到上学迟到的问题，希望学生及时改正，以后准时到校。但是，让教师出乎意料的是，说完这句话后，她惊讶地发现这个小学生背着书包就走了，真的回家去了。

当小学生走到学校门口，刚好遇到送他来上学的妈妈还站在学校门口，观望着没有离开。妈妈感到有些奇怪，不解地问："你怎么出来了?"小学生坦然回答："老师说我以后不用上学了!"这时，教师也追了出来，与家长沟通后，事情很快就清楚了。

教师对此有些不解，觉得这个小学生是不是故意与自己"作对"，并感慨道："现在的学生太难教了，真是要'翻天'了!"

作为一名学校教育工作者，作为一名从事教育工作的专业人士，我们应该能很快洞察以上案例中这位班主任教师遇到这一问题的关键所在。事实上，这位班主任教师的做法缺乏专业性，这里仅就这位班主任教师的管理方式加以讨论，希望明确和分析当前班主任教师所面临的专业发展问题，以寻求解决问题的良策。

显然，这位班主任教师面临的问题关键并不在学生身上，而是在教师自身的专业性上。如果班主任教师成为专业人士，作为拥有班级管理与学生教育的专业理念、专业知识与专业能力的专业人士，就会很容易找到以上案例所呈现的问题关键，即班主任教师要了解学生身心发展的基本特点和规律。

从小学生心理发展特点和规律来看，这个一年级小学生并不是与教师"做对"，而是其心理发展过程中思维特点的切实体现。因此，教师需要具有相应的专业理念和知识，了解一年级小学生的心理发展特点，尤其是掌握小学生认识与思维发展的特点与规律。

发展心理学研究表明，人的思维发展主要有三个阶段：直观动作思维、具体形象思维、抽象逻辑思维。有学者在此基础上进一步提出人的思维发展的第四个阶段，即辩证思维，这种思维遵循理论型的高级逻辑(林崇德，2006)。一般而言，一、二年级(7～8岁)阶段的小学生思维发展主要处于具体形象思维发展水平，也伴随有直观动作思维，其抽象逻辑思维和辩证思维仍处于萌芽状态。三、四年级(9～10岁)阶段的小学生处于从具体形象思维为主向抽象逻辑思维为主的转折时期。五、六年级(11～12岁)阶段的小学生思维发展达到抽象逻辑思维水平。

基于这种思维发展状况，当班主任教师对这个一年级小学生说“你回家去吧，以后不用来上学了”，对于抽象逻辑思维发展还不成熟的一年级小学生来说，如何理解教师的话语，就可想而知了。他们难以抽象地理解教师话语的本质意思，而是加以具体形象和直观的理解，于是真的“回家去了”。

当然，学生的思维发展也存在水平高低和类型的差异性，有的可能会理解教师的本意，有的可能难以理解。虽然随着时代变迁和社会进步，小学生的思维水平较其“前辈”显得有所提升，学生能力与个性特点也很鲜明，但是思维发展的基本规律仍然保持稳定。

因此，教师与一年级小学生说话时，尽量不要说反话，这个年龄阶段的儿童可能并不容易理解教师反话背后的本质意思。当小学生进入中高年级时，随着思维水平的不断提升，他们就可以很容易抽象地分析和理解话语的本质含义，也自然会听懂教师的反话了。

可见，班主任教师作为专业人士，应充分了解学生身心发展的一般特点和规律，更要了解实际管理的班级学生的具体身心发展特点和规律。这有助于班主任教师更好地认识和理解学生，进而引导和帮助学生及班级获得更好发展。

第三章

班主任教师是专业人士

毋庸置疑，班主任工作是一种专业，从事班主任工作的教师是专业人士。但是，在中小学校，班主任教师的专业地位时常不被教育主管部门和学校管理层重视，班主任教师自身也时常存在专业性不足的情况，有的班主任教师用非专业或不专业的教育方式对待学生，致使其专业地位经常受到质疑。

无论如何，学校教育肩负着为社会培养人才的重任，为了适应国家建设和社会发展对学校教育的要求，学校管理层与班主任教师自身都需要共同努力，不断提升班主任教师的专业素养。班主任教师作为班级管理和学生发展的重要教育者，必然要发展为专业人士，并获得相应的专业地位。这是大势所趋、众望所归。

一、专业、专业化与专业发展

(一)专业

从词源学的视角来看，“专业(profession)”一词最早从拉丁语演化而来，最原始的意思是公开地表达自己的观点和信仰，与之相对的是行业，包含着中世纪手工行会所保留的对其行业的专门知识和技能的控制，只能传给本门派的人的神秘色彩(赵洪涛，2007)。

专业是指在社会行业中必须经过专门教育或训练而从事的专门职业或工作。专业要体现从业者较高的能力和智慧，具有独特的、系统的知识和技能体系，按照相应的标准开展活动，通过这种活动解决社会与人类发展的相关问题，并对社会进步具有积极作用。专业的从业者通过开展专业活动，往往拥有相应的社会地位，获得相应的报酬待遇。

不同的专业有着不同的标准。专业标准是一个专业最直接、最明显的标志。一般来说，专业标准包括对该专业的知识、技能、伦理和文化等方面的行业要求和评价指标。从业者必须经过专门的训练和学习，达到相应的专业标准，才能加入专业队伍或组织，成为专业人士，并在社会活动中获得专业权威和地位。

专业就是专门的职业或工作，它承担着社会发展形成的不同分工中的特定职能。在《现代汉语词典(第7版)》中，专业做名词时，是指：(1)"高等学校的一个系里或中等专业学校里，根据科学分工或生产部门的分工把学业分成的门类"；(2)"产业部门中根据产品生产的不同过程而分成的各业务部分"。①

虽然大学教育体系中的学科专业是为了满足社会分工而进行的活动，但学科专业并不等同于社会分工的实践活动。不同于高等或中等教育学校中的学科专业分类，本书中探讨的"专业"是基于社会发展分工而形成的专门的职业或行业，它反映着社会生产与劳动部门的不同分工，它从属于"职业"和"工作"(见图3-1)。"工作"和"职业"涉及更大的范畴，而"专业"涉及的范畴则较小，它往往需要从业者具有较为先进的理念和知识，具有较高的技能和能力。

---

① 中国社会科学院语言研究所词典编辑室：《现代汉语词典(第7版)》，1719页，北京，商务印书馆，2016。

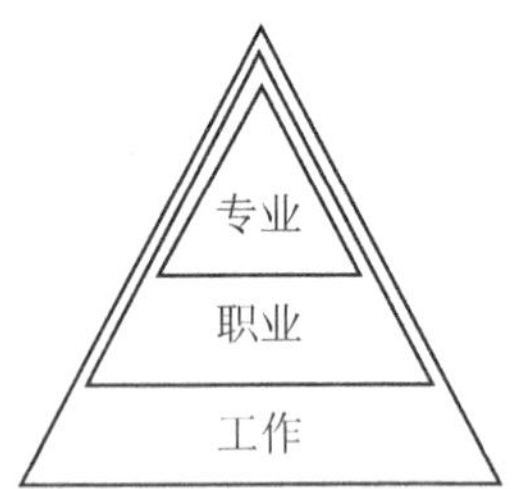

图 3-1　专业与职业、工作的关系

（二）专业化

专业化（professionalization）是指一种普通的工作或职业成为专业，或一种工作或职业不断努力发展为成熟专业的过程。换言之，专业化是指一种社会职业不断发展成具有较为完整体系的专业标准，并获得相应的专业地位的专门职业（专业）的过程。

随着社会的不断发展，社会分工越来越细，社会对一些职业或工作的要求越来越高，同时，这些职业或工作的专业化程度也相应变得越来越高。一种职业发展成专业，并不断专业化，是社会历史发展的必然趋势。

专业化是社会分工、职业不断成熟和分化的结果，是社会不断进步的标志。一种职业或工作专业化，从其专业内容上，要符合四个方面的专业要求：①形成专业知识或理论体系，具有专门的技能或操作程序；②制定专业标准，以此作为专业活动的基本准则或评价依据；③规范专业道德伦理，形成专业文化，为社会发展服务；④建立专业组织，拥有专业自主权，获得社会专业权威地位。

一种工作的专业知识或理论、专业标准、专业文化和专业组织等发展越完善，就越意味着这种工作经历专业化的过程而发展成专业。

（三）专业发展

专业发展是指一种专业的从业者在其专业领域内不断提升专业水平、完善专业素养、达到专业标准并获得专业地位的过程。专业一般具有独特性、有效性和不可替代性三个基本特性，后文“班主任教师的专业性”的相关内容中将予以阐释。

专业人士所开展的专业活动越能体现出这些专业基本特性，尤其是专业的“不可替代性”，其专业发展水平就越高，所获得的社会地位也相应越高。

概括而言，“专业化”与“专业发展”是具有不同性质的概念。专业化是专业发展的重要保障，专业发展也会反过来促进专业化的完善。当一种工作或职业不断发展为社会所认可的专业之后，才有其从业者的专业发展可言；当一种工作或职业发展为高度成熟的专业之后，才有其从业者获得更为完善的专业发展可言。一种工作或职业的从业者要想获得专业发展，这种职业就需要不断获得专业化，建立社会认可的专业标准和规范，并获得相应的专业权威和社会地位。

二、班主任教师的专业性

（一）专业的三个基本特性

从事专业活动的人士需要经过系统的学习、培养或培训，以形成相应领域专门的理念、知识和能力。在当代社会中，成为专业人士往往需要通过接受相应的高等教育或特定领域的教育而培养形成，获得相关专业的资格证书是从事该专业工作的必要条件。

对于专业的特性，人们从不同视角有着各不相同的解释。简单而言，一种职业或工作能称为专业，需要具有三个基本的专业特性，即独特性、有效性和不可替代性(申继亮，姚计海，2004)。

1. 独特性

一种专业要有被社会广泛认可或赞同的较为系统的理论和知识体系，包含相应独特的专业理念、专业知识和专业能力等，这种体系区别于其他专业，与其他专业有着“质”的不同。

2. 有效性

一种专业要有其存在的积极意义和价值，符合社会发展的规律和趋势，遵循社会发展追求真、善、美的正确价值导向，为人的发展和社会进步带来显著的效益和贡献。

3. 不可替代性

一种专业要建立完善的专业标准，形成稳定的专业伦理和文化，拥有较高的专业权威和社会地位，这不是其他专业可以轻易替代的。专业人士具有专业素养，越不能被其他专业人士取代，意味着其专业性越强。

(二)班主任教师的专业特性

当前，中小学校教育管理领域不断呼吁班主任教师专业化，班主任教师要获得高水平的专业发展，要成为专业人士。然而，班主任教师是不是专业人士经常受到质疑，班主任教师的专业地位也经常受到质疑。从班主任教师自身发展来看，一个重要原因在于一些班主任教师工作的专业性仍有待加强，专业发展程度仍有待提高。

班主任工作的主要内容是班级学生日常组织管理，它有着与教学工作等其他许多工作不同的专业特征，这为班主任教师专业化提供了有力保障。班主任教师作为专业人士，其“专业性”也具有以上三个主要特性，即班主任教师工作具有其专业的独特性、有效性和不可替代性，这是判断班主任教师专业发展水平的重要标志。

1. 班主任工作的独特性

班主任教师专业与其他许多专业有着明显本质不同的独特性。《教育部关于进一步加强中小学班主任工作的意见》和《中小学班主任工作规定》都明确强调了班主任教师工作的独特性，强调班主任教师是中小学校教师队伍的重要组成部分，是中小学日常思想道德教育和学生管理工作的主要实施者，是班级工作的组织者和班集体建设的指导者，是中小学生健康成长的引领者，是中小学思想道德教育的骨干，是沟通家长和社区的桥梁，是实施素质教育的重要力量。班主任要努力成为中小学生的人生导师。而且，学校和教育行政部门对班主任工作有着特殊的要求和期待，在学校管理中设有专门的班主任岗位，教师从事班主任工作都要进行特定的岗前培训。

毋庸置疑，班主任教师专业是一个复杂多样而富于创新的独特专业。班主任教师专业的独特性体现在它具有与其他专业不同的本质的、固有的特征。具体表现为，班主任教师专业具有独特的专业知识、独特的专业能力、独特的专业理念和专业精神等。

班主任教师专业的独特性还体现在其班级及学生教育管理的过程中：一方面，相对于其他专业而言，班主任教师的专业发展水平体现在教师基于班级管理平台的"育人"活动的独特性上，这也是班主任教师职业受到社会各界高度关注的一个重要原因。中小学校管理专门设有班主任岗位以履行其特定的职责。另一方面，在学校教育领域内部，相对于从事教学工作的教师，班主任教师的专业活动也具有其独特表现，而且每一位班主任教师面对的班级及学生的教育情境和存在的问题也并不相同，具有独特表现。甚至，每一位班主任教师的教育理念和教育方式等都会体现出其自身的个性特点。

2. 班主任工作的有效性

《教育部关于进一步加强中小学班主任工作的意见》指出："长期以

来，各地教育行政部门和中小学校重视班主任队伍建设，发挥班主任独特的教育作用，积累了丰富的经验，形成了有效的工作机制。广大中小学班主任兢兢业业、教书育人、无私奉献，做了大量教育和管理工作，为促进中小学生的健康成长做出了重要贡献。”

班主任教师对班级学生的心理与行为成长以及思想道德建设发挥着重要作用。班主任教师可以有效地指导学生的人际交往并培养行为规则，有效地帮助学生制定学业发展规划，有效地引导学生树立良好的人生观和价值观，有效地组织班级活动和进行班集体团队建设等。

作为社会结构中最具影响力的专业群体之一，教师的专业能力与专业素养是促进人才培养和国家发展的基础。它不仅决定着教育质量，而且影响着国家和社会的未来(吴文胜，2018)。班主任教师工作要成为专业，就必须体现出该工作所应有的成效和价值，切实发挥班主任教师职业对促进学生发展、建设班集体、改进学校教育乃至促进社会进步的作用。

在学校教育专业领域，相对于从事教学工作的教师，班主任教师更注重培养学生良好品行、人际交往能力、责任心、爱心等。班主任教师是否能有效地实现班级及学生教育目的，在学校教育层面引导学生成长为社会所需的人才，取得良好的教育效果，是衡量班主任教师专业化的重要指标。

然而，衡量班主任教师专业有效性的指标体系较为复杂，班主任教师专业与其他许多专业有着显著不同的特点。比如，班主任教师专业的有效性往往不是立竿见影的，难以体现于当时、当下，它可能表现出一些短期成效，更可能表现出长效性、间接性和滞后性，对学生未来及发展具有深远的意义。班主任教师工作的有效性不仅体现于学生在学校接受教育期间获得的学业成就和行为改进，更体现于学生将来进入更为丰富的社会生活及相关领域的有效表现。

这就需要学校及上级主管部门乃至国家教育管理层面具备战略发展视野，深刻认识班主任教师专业的价值及其教育功能，能看到班主任教师专业发展对班级及学生个体发展，以及国家、社会发展的潜移默化、长远深刻的作用。

班主任教师要认识到自身专业工作的有效性，配合从事教学工作的教师有效开展课堂教学工作，但不能以学生的考试分数作为评价学生全面发展的主要标准，要注重学生品德、行为与学业等方面的全面培养。

学校管理者要关注班主任教师专业素养的提升，关注其班级管理及教育实效，不能以学生的考试分数作为评价教师的主要标准，要重视班主任教师对学生的全面发展教育，更多关注班主任教师的专业素养提升和学生综合素质的培养，关注班主任教师专业对社会发展的作用。

3. 班主任工作的不可替代性

从专业的社会功能来看，教师专业作为社会发展的重要支柱之一，对于人的进步和社会发展具有不可替代的重要作用，班主任教师专业也是如此。班主任教师专业也体现在这一专业的不可替代性上，即班主任教师所从事的班级及学生管理工作不能轻易被其他专业人士替代，这也意味着班主任教师具有相应的专业地位，进而获得相应的社会地位。

然而，教师职业与其他一些职业如医生、律师等相比，其专业地位仍受到质疑，教师常常被视为半职业或不确定职业，教师似乎成为人人都可以从事的职业(申继亮，王凯荣，李琼，2000)。因此，对于班主任教师而言，有必要进一步提高班主任教师的专业素质，完善班主任教师的专业素质结构。具体而言，主要涉及完善专业资格认证，提高班主任教师的准入门槛和入职考核；完善社会薪酬保障，提高班主任教师的岗位津贴和工资待遇；完善评价与激励体系，提高班主任教师的工作动力和积极性。这些都有助于实现班主任教师专业的不可替代性。

班主任教师要具有相应的专业素养要求，具有良好的心理状态，对班主任工作有兴趣或意愿，对学生友善和有爱心，善于与学生、家长及任课教师沟通，具有良好的引导和组织管理能力，具有解决班级及学生各种复杂问题的能力。班主任教师的专业素养并不是从事教学工作的教师可以轻易替代的，更不是教师之外的其他人员可以轻易替代的。

因此，在教师人力资源管理过程中，学校管理者不应无选择地、无差别地要求每一位教师都担任班主任工作，也不应规定班主任必须从任课教师中选聘，而应当通过职前教育、入职选拔、职后培养等途径赋予班主任教师专业特征。这样的班主任教师才能以其良好的专业素养，更好地胜任班主任工作。

班主任教师工作容易被替代吗

针对教师的专业地位问题，在一些中小学校进行调研时，我们与许多教师们进行座谈。我们曾问及教师们这样一个问题：“教师是专业人士吗？或者说，教师工作是一种专业吗?”教师们都果断又肯定地回答：“当然是!”

于是，我们与教师们进一步探讨专业的特征。一个专业之所以能称其为专业的关键特征之一就在于它有“不可替代性”。我们给教师们假设了一种情境，比如，一所学校有50位教师，学校旁边有个医院，有50位医生。试想，如果学校的50位教师与医院的50位医生对换，那么这个医院还能办下去吗?

一些教师笑着回答："医院肯定办不下去了。"

接着问教师们："那么，50位医生来到学校当教师，这个学校还能办下去吗?"

教师们议论纷纷，有的回答："不好说。"

有一位教师打趣地说道："说不定，学校办得比以前还好!"教师们都笑了。

于是，我们与教师们进一步讨论，如果教师工作容易被替代，那么这很可能成为教师的专业地位受到质疑的原因之一。而如果教师的专业工作不能够轻易地被其他专业人士替代，那么教师工作就更具有专业性，教师就更倾向于成为真正意义上的专业人士。

在与教师们讨论的过程中，有一位教师提出不同的看法："医生的专业工作不容易被替代，但是现在医生的专业地位也经常被质疑，又怎么解释呢?"

于是大家一起讨论，医生被质疑的原因大多不在于医术的专业性问题，而更可能在于医患沟通与医院人文关怀等问题上，这与对教师专业性的质疑有所不同。

对于中小学班主任教师而言，其专业地位受到质疑，往往不仅有师生沟通和人文关怀问题，而且有班主任教师专业领域容易被替代的"专业技术"问题。事实上，与其他许多专业相比较，班主任教师作为教育人、培养人的专业人士，其专业领域的难度和复杂性更大，创造性更高，对社会发展更具有重要性。因此，社会各界对班主任教师的专业发展的要求更高，班主任教师要获得相应的专业地位就需要付出更大的努力，需要具有不可替代的专业特征。

整体来看，班主任教师工作越具有独特性、有效性和不可替代性等专业特征，那么班主任教师的专业发展水平就越高，班主任教师工作的专业化程度也就越高。在形成良好的专业化和专业发展的基础上，班主任教师才能获得相应的社会地位和待遇。

三、班主任教师的专业发展

(一)班主任教师是专业人士

2009年修正的《中华人民共和国教师法》明确规定："教师是履行教育教学职责的专业人员，承担教书育人、培养社会主义事业建设者和接班人、提高民族素质的使命。"

一般而言，中小学教师是指受过专门培养和训练，具有相应的专业资格，并担任中小学生教育教学工作的专业人士。中小学教师的专业职责主要是向学生传递科学文化知识和技能，培养学生的能力和智慧，锻炼学生的身体素质，对学生进行思想道德及审美教育，把学生培养成社会需要的人才。

从教师这一概念可以看出，教师工作不仅包含各学科的课堂教学工作，也包含引导学生良好发展和进行班集体建设的班主任工作。班主任工作作为一种专业，班主任教师应该是专业人士。

事实上，随着社会发展和教育进步，中小学班主任教师的专业素养不断提升，其专业地位不断受到社会各界的认可和肯定。只有班主任工作发展为一种专业，班主任教师成长为专业人士，班主任教师在学校教育中才能真正胜任班主任工作，才能有效发挥教育职能，帮助和引导学生及班集体获得良好发展。只有班主任教师成为专业人才，才能体现出班主任工作与教学工作同等重要，而且班主任教师的育人责任更重，要求更高。

但是，从教师专业资格认证的管理机制可以看出，中小学教师的专业资格主要是通过“教育教学知识与能力”和“综合素质”的考核加以资格认证的，而且中学教师比小学教师增加了“学科知识与教学能力”的考核。因此，从学校教育管理制度来看，仍然没有形成相对独立的班主任教师专业资格认证机制，中小学教师也没有独立的班主任教师资格证书。

中小学校所指的教师，多指向从事课堂教学工作的任课教师。比如，从教师招聘环节来看，学校管理更多关注教师的教学专业素质，而缺少关注涉及班级学生管理的班主任专业素质，也很少考查教师是否善于从事学生及班级管理工作。教师招聘入职之后，班主任教师再从招聘和录用的教师队伍中选择与任用，这样的班主任教师是否具有班级管理的专业性，就缺少了学校管理制度上的保障。

此外，就班主任教师自身表现而言，在学校教育现实中，班主任教师的专业性受到人们质疑的情况时有发生。比如，有的班主任教师缺少与学生家长之间基本的沟通，有的班主任教师以指责、抱怨甚至训斥等不良方式处理班级及学生问题，有的班主任教师不公平地对待学生之间的矛盾冲突等，使人们可能对班主任教师工作形成“不专业”或“非专业”的认识。

一位“难缠”的家长

在一所小学调研时，我无意中看到一位学生家长与一位教师在教室门口争论关于如何教育孩子的问题。这位教师应该是这位家长的孩子所在班级的班主任教师。可能由于家长与教师教育学生的观点不一致，家长不赞同教师对待自己孩子的做法，就与教师争论起来。

我看到家长与教师的争论越来越激烈，不过双方都很理性，也都很有耐心，摆出各种论据来“捍卫”自己的教育观点。

我感到这位班主任教师应该站在“正义”的一边，而家长明显有点儿袒护自己的孩子，话语间总是回避自己孩子存在的不良问题，但是，教师在这场争论中却渐渐处于弱势。

我看到这位家长不断以一些经典的教育理论和案例来反驳教师的观点。当家长讲到皮亚杰的儿童道德发展理论，讲到维果茨基的最近发展区理论时，我发现教师有些不知道怎么应对，有时甚至无奈得说不出话来。如果不了解情况的人看到两人的争论，很可能会误以为这位家长才是学校的教师，是学校教育的专家。

事后，我好奇地问这位教师：“这位家长是做什么的？是不是做儿童教育研究的？”然而，有点儿意外，教师告诉我，这位家长是个全职妈妈。她特别关心孩子的教育，整天阅读各种教育著作，但是对一些教育理论的理解又不到位，总是喜欢与教师们“抬杠”。其他教师也觉得这位学生家长非常“难缠”。

总之，在这场争论中，这位家长的观点显然有些不占理，而这位教师的观点更有道理，但是，为什么教师在与家长的激烈争论中“败下阵来”呢？

针对以上案例，关于教师与家长所争论的问题到底孰是孰非，这里不做追究和讨论。这里主要讨论的是这位班主任教师的专业表现。

即使这位家长对关于儿童教育的一些理论的理解有所偏差，但是，如果班主任教师具有足够的专业性，作为专业人士对儿童心理发展和儿童教育理论有着深刻的认识与理解，那么就一定能从容应对这样“难缠”的家长。

因此，那位家长阅读各种教育著作的“学习精神”是不是值得一些班主任教师学习呢？班主任教师有必要结合自身的学校教育实践，多读一些教育著作和研究文献，钻研一些儿童教育理论，努力提高自身工作的专业性，让自己成为专业人士、成为儿童教育的专家。这样班主任教师就可以对家长的教育观点和认识是否合理做出准确的判断，不仅有助于班主任教师有理有据地批判家长的错误认识，也有助于班主任教师接受家长的正确观点，与家长达成教育共识，形成家校教育的合力。

班主任教师专为专业人才，不仅需要获得充分的培养和培训，还需要班主任教师自身不断努力提升专业水平。

（二）基于自主的班主任教师专业发展

班主任教师专业发展是指班主任教师努力学习与实践，形成合格的专业素养，并成为专业人士的过程。在专业发展过程中，班主任教师往往需要接受专业教育和培训，经过一系列较为系统的职前、职后专业训练和培养，成长为一个专业工作者。

班主任教师获得良好的专业素养，通常要具备三个方面的素质：专业理念、专业知识、专业能力。班主任教师专业发展也是其不断学习和领会专业理念、掌握专业知识和技能、提升专业能力，进而形成良好专业素养的过程。

一方面，班主任教师专业发展需要获得管理支持。教育主管部门及学校管理部门要充分认识到班主任教师工作的重要地位，为班主任教师专业发展创设条件和提供保障，引导和鼓励班主任教师成为专业人士。另一方面，班主任教师自身要不断努力，发挥专业发展的自主性，积极主动地学习教育管理的理论知识，探索班级管理的有效方法与途径，不断完善自身专业素养，不断自我发展，成为专业人士。

中小学班主任教师专业发展的现状并不令人乐观。许多班主任教师的班级管理工作压力较大，疲惫感明显，缺乏工作动力和积极主动精神。班主任教师如何获得良好的专业发展，值得学校管理者和班主任教师自身深入思考。

从哲学意义上讲，自主是人作为主体对客体和主体自身的支配(罗苹，1998)。一方面表现为人对客体的支配，即不因外界压力使自身思维和行动受到干扰，从而改造或控制客体；另一方面表现为个体对主体自身的支配，即以自己的思想支配自己的行动，并通过自我调节和自我控制，积极促进自我发展。从自主的基本含义来看，自主是指自己指导自己，不受他人约束或支配(Gilroy，1991)。可见，自主既包含内在心理特征，也包含外在管理特征。

因此，班主任教师的专业自主发展具有两方面含义：一是专业自主权。它是班主任教师指向外在的自主，即教师作为主体对客体的支配，表现为外界赋予班主任教师权利，决定和支配班级管理与学生教育活动等。二是专业自主性。它是班主任教师指向内在的自主，即教师作为主体对自身的指导和支配，表现为班主任教师以积极的态度对待工作，具有主动性和进取心，良好控制自己的班级管理情绪和行为等。班主任教师专业自主的结构如图 3-2 所示。

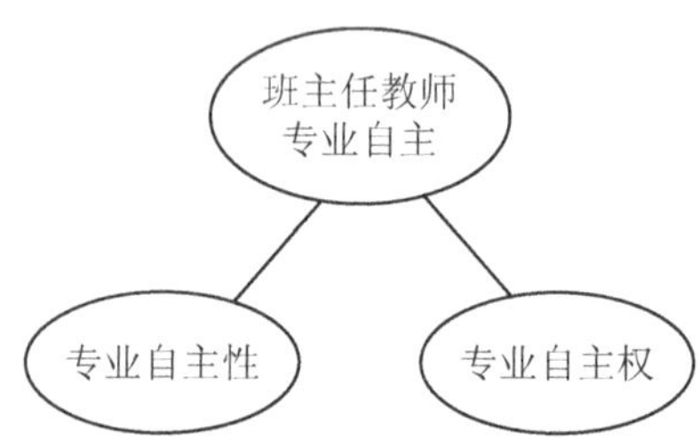

图 3-2　班主任教师专业自主的结构

1. 激发班主任教师的专业自主性

班主任教师的专业自主性是教师在一定社会规范和教育目的的指导

下，受内在动力的推动，积极调节和控制自己的教学活动的个性特征。专业自主性是班主任教师有效实施班级管理的内在保障，它对教师取得良好的班级管理效果及获得良好的班主任专业发展效果有着至关重要的作用。

目前，中小学班主任教师仍然存在班级管理理念陈旧、管理方式单一等专业发展问题。从班主任教师自身来看，一个重要的制约因素就是缺乏专业发展的自主性，而表现出消极被动的专业心理特征。整体来看，目前班主任教师缺乏专业发展自主性的情况较为普遍，许多班主任教师表现出缺乏班级管理的意愿和内在动力，其专业发展的自主性亟待提升。

制约班主任教师专业发展的一个重要原因就是内在动力不足。在这种情况下，激发班主任教师专业发展的自主性显得尤为重要，它有助于提升班主任工作的内在动力，有助于班主任教师主动提升自身专业素养。

当前，学校教育改革使班主任教师经常面对各种新的教育管理理念和方法。班主任教师需要积极主动学习和掌握教育理论，不断更新班级管理的知识结构和观念体系，调适自身的班级管理行为。

班主任教师具有良好的专业自主性，积极主动地实施班级管理活动，其教师专业发展才具有内在动力。如果班主任教师缺乏专业自主性，就难以适应教育与管理改革的要求，专业发展就难以真正获得实效。目前，不断实施的教育改革已经使越来越多的班主任教师意识到提高自身素质的紧迫性和重要性，从而不断激发自身工作的内在动力。

2. 提升班主任教师的专业自主权

班主任教师的专业自主权是外界赋予教师调控班级活动及相关事务的权利。它是教师有效实施班级管理的外在支持。获得充分的专业自主权有助于班主任教师形成良好的专业素养。富于创新的班级管理尤其需要班主任教师拥有专业自主权，按照自己设计、规划的方式来管理班级和教育学生。

专业自主权是制约班主任教师专业发展的重要外在管理因素。我国相关法律和规章制度已经明确了班主任教师的专业地位，但是，管理实践中，班主任教师的专业自主权并没有受到足够的重视，这在较大程度上降低了班主任教师管理班级的主动性和责任感。

缺乏专业发展自主权，使许多班主任教师表现出被规定的、被控制的、消极的专业行为特征，产生班级管理的职业倦怠感。这势必阻碍班主任教师的专业发展，从根本上讲，不利于对班级学生的管理和培养。

因此，当前学校管理急需赋予班主任教师充分的专业自主权。提升班主任教师的专业自主权，有助于班级管理与学生教育工作的创新。班主任工作是一种富于创新而又需要灵活决策的复杂管理活动，它需要教师拥有充分的专业自主权。目前，一些学校的班主任教师管理显得过于死板，规定过分整齐划一。班主任教师在肩负繁杂班级管理任务的同时，往往缺乏管理班级学生的自主权，这势必削弱班主任教师管理班级的积极性，更成为制约班主任教师专业发展的管理障碍。

专业自主权是班主任教师专业发展的外在管理支持。班主任教师需要拥有充分的专业自主权，有权利参与学校教育及班级管理决策，有权利发表教育观点，做出班级管理决定，展现班级管理特色。

如果学校管理者忽视班主任教师的专业自主权，过于强调对班主任教师的控制，那么班主任工作势必变得因循守旧，缺乏创新，更无助于班主任教师的专业发展。

当前，一些形式化、简单化的学校管理方式严重制约着班主任教师的专业自主权。班主任教师肩负的班级管理责任远远超过了学校管理赋予他们的权利，其应有的班级管理自主权受到限制。班主任教师对班级管理及学生教育缺乏控制感和权威感，导致对班级管理缺乏积极性。因此，学校管理改革应关注把更充分的专业权利交给班主任教师，切实赋予班主任教师充分的自主权，以提升班级管理效率，促进班主任教师获得更好的专业发展。

班主任教师拥有专业自主权并不意味着学校管理层面对其的放任自流。班主任教师的专业自主权与其以良好的专业素养相配合。如果班主任教师缺乏良好的专业素养，而一味提高其专业自主权，那么班主任工作就可能变得混乱而低效。因此，这对班主任教师的专业素养评价与管理提出了新的挑战。

班主任教师专业发展既要增强内在动力，激发专业发展的自主性；又要增强外在动力，充分赋予专业自主权。专业自主性与专业自主权两方面相互结合、相互作用，协同促进班主任教师专业发展。

第四章

班主任教师工作的专业特点

班主任教师工作作为一种专业，具有独特的专业特点。在班主任教师的培养、选拔和作用等环节，必须充分考虑班主任的专业特点。班主任教师应具有良好胜任班主任工作的专业理念、知识和能力等重要素养。学校管理层还要考虑教师从事班主任工作的基本兴趣、意愿和热情，这是班主任教师专业特征的基本要素，也是教师承担并胜任班主任工作的基本要求。

学校管理层通过改进和完善班主任教师管理，有效调动教师从事班主任工作的兴趣和意愿，进而选拔、任用有兴趣和意愿从事班主任工作的教师来实施这一专业活动，这既是对班主任工作专业性的尊重，也有助于对班主任教师专业潜能的开发，更是对班级及学生发展负责。

一、班主任教师的专业心理特点

(一)兴趣和意愿

教师担任班主任工作，要有从事这一专业活动的兴趣和意愿。兴趣和意愿属于人的内部动机范畴。内部动机对班主任教师从事这一工作的努力程度有着深刻的、根本的、持久的推动作用。

从自我决定理论来看，人的动机从“非自我决定”到“自我决定”，区分为三种性质不同的动机状态：无动机、外在动机、内在动机(Deci & Ryan，2000)。人的行动越倾向于内在动机推动，就越表现为自主的或自我决定的性质。内在动机使人在工作中感受到更大的自主、乐趣和内在满足感。

班主任教师的外在动机与内在动机都对其工作具有积极的推动作用。如果班主任教师具有外在工作动机，也有助于提升其工作动力。但是，内在动机具有更持久、更稳定、更有力的推动作用。如果班主任教师对从事自身工作具有极大的兴趣和意愿，甚至充满了热情，那么班主任教师的内在动机就越强，这对班主任工作自然会起到根本上的推动作用。

然而，“无动机”状态表现为班主任教师对自身工作没有意愿、没有兴趣、没有价值感和胜任感，也没有基本的控制感等，无助于提升班主任教师的工作动力。班主任教师如果对自身工作没有热情，缺乏基本的兴趣和意愿，那么这种“无动机”状态势必影响其工作动力。使班主任教师工作变得缺乏动力，甚至没有动力。

学校管理要提升班主任教师的工作意愿和对工作的兴趣，在此基础上，引导和提升班主任教师对工作的热情，引导班主任教师努力达到较高的专业境界。这也是班主任教师自身的专业追求和理想。

虽然学校管理实践中很难要求每一位班主任教师都对工作充满热情，但是，担任班主任工作一定要具有基本的工作兴趣和意愿。如果班主任教师以“不愿意”“不感兴趣”的心理状态从事班级管理和学生教育工作，势必影响其工作成效，不利于班级学生良好发展。当前，一些中小学校的管理往往并不顾及班主任教师的工作兴趣和意愿，对此缺乏足够的关注和重视，也缺乏有效管理措施来加以引导和激发。

当然，外在动机对人的行为也具有积极有效的推动作用。许多中小学校的班主任教师出于外在动机的驱动而从事这一工作，比如，有些教师担任班主任工作是为了适应学校的奖励晋升机制、为了不辜负领导对自己的期待、为了增加经济收入等。班主任教师的外在动机因素对其班级及学生管理行为也具有推动作用。

事实上，当前中小学管理较为注重对班主任教师工作的外在动机的激发，班主任教师更多出于外部的奖励与惩罚等管理措施来推动自身班级管理工作。虽然这对学校的班主任工作管理具有一定的积极作用，但是如果班主任教师工作主要凭借外在动机的驱动而缺乏内在动机，那么班主任工作可能难以做得更好，其有效性也会受到质疑。

（二）耐心

耐心是一种不急不躁、冷静从容的性格特征。它意味着人在面对困难或难题时，对自身的负面心态、情绪与行为能积极调控。繁杂多变的班主任工作需要教师的耐心，班主任教师需要心态积极、心平气和地管理班级及应对学生出现的各种问题。

班主任教师面对的中小学生正处于身心迅速发展、不断成熟的阶段。在小学阶段，学生的思维发展经历着从具体形象思维向抽象逻辑思维过渡的质的变化；在中学阶段，学生身心发展经历着趋于成年人的成熟水平而又充满着不成熟且叛逆的青春期发展过程。因此，中小学生在发展过程中容易出现各种各样的问题。

中小学校学生与学生之间、学生与教师之间、班主任与任课教师之间等都有着较为丰富的人际交往与互动，各种各样与班级及学生发展有关的问题、冲突甚至困境，都需要班主任教师及时处理。班主任教师如果急于求成，而缺乏耐心这种性格特征，那么就很难应对班级及学生管理中的各种问题。

同时，随着社会发展和教育进步，家庭教育的重要性也越发体现出来，班主任教师要时常面对家长提出的各种教育要求，寻求与家长之间建立良好的家校合作关系。然而，班主任教师面对的学生家庭教育也具有复杂多样的特性，有些家长缺乏基本的教育知识和技能，缺乏科学合理的家庭教养和教育理念与方法。事实上，家长从孩子一出生就自然而然地为人父母，担负起家庭教育的责任，但是，绝大多数家长并没有经历过如何养育孩子、如何教育孩子等方面的专业学习与训练。因此，班主任教师在与家长沟通与合作时，也需要足够的耐心。

整体而言，班主任教师开展学生及班级管理工作，有效处理各种学生发展过程中出现的问题，都需要较大的耐心，这是胜任班主任岗位必要的专业心理特点。

(三)韧性

韧性(resilience)也称为心理韧性，是人对相关环境变化或遇到挫折之后的良好适应性。具体而言，韧性是指人在面对挫折、逆境、创伤、威胁等心理困境时，能尽快恢复或复原，重新持有积极的心理和行为状态。它集中表现为对较大压力的良好应对和适应。

由于班主任工作的复杂性和多变性，班主任教师开展班级及学生工作经常并不顺利，有时会遇到各种意想不到的困难和难以承受的挫折，因此，班主任教师需要具有良好的心理韧性，以积极应对各种班级管理遇到的困难和挫折，处理好班级管理相关事务，促进学生良好发展。在复杂多变的教育环境下，班主任教师要保持对班级及学生管理工作的积极心态，心平气和、从容应对班级管理中的问题与挫折，这也是心理韧性的体现。

班主任教师的韧性是其面对挑战与挫折环境的一种个性品质，它能帮助班主任教师迅速恢复积极的心境和精神状态，能够有效利用学校教育环境中的支持性资源实现班主任工作目标。这也是班主任教师对班主任工作良好适应的表现。而且，班主任教师在很多时候是学生的榜样或行为参照，班主任教师拥有心理韧性对有效培养学生积极的心理状态具有重要意义。

班主任教师的心理韧性与其强烈的从事班主任工作的意愿和动机有着密切关系。学校积极改善对班主任教师的管理，做好班主任教师的职前培养与职后培训，提升班主任教师的心理韧性，对班主任教师适应班主任工作具有重要作用。

学校管理应为班主任教师创设积极的工作情境，为其提供管理支持和服务，协助班主任教师解决班级管理和学生发展的难题，提升班主任教师的心理韧性，引导班主任教师从逆境与挫折中及时恢复，并保持积极的工作心态。

（四）爱心

爱的根本含义在于奉献，在于为他人或事物做出自己的“牺牲”。从广义来看，教师的爱心体现在教师对职业的爱、对学校的爱、对学生的爱以及对自身的爱。从狭义来看，教师对学生的爱是其爱心的核心内容。

班主任教师要关爱班级学生，这是班主任的师爱的核心表现。班主任教师对班级及学生的爱心，其根本含义也在于奉献，在于班主任教师为了学生发展而做出“牺牲”，在于班主任教师为了班集体建设而付出时间、精力，为了学生的更好发展而努力。关爱学生的教师往往积极地看待并解决学生的问题，引导学生不断进步。从教育目的来看，教师的爱心旨在实现学生的良好发展。从教育结果来看，教师的爱心体现于学生获得了良好发展。

中小学生处于身心迅速发展、不断成熟的重要阶段，班主任教师对班级学生各方面的发展总是有所关注和期待的，教师的爱心是建立在对学生发展的关注和期望之上的情感投入。当班主任教师努力引导学生全面发展，希望学生学有所成，并根据学生的特点引导其走向这一培养目标之时，班主任教师就对学生充满了爱心。

班主任教师对学生的爱心也有助于培养学生的爱心，引导学生与人为善、关爱他人，此所谓“以爱育爱”。反过来，学生的爱心也会激发班主任教师以积极的心态管理班级，更好地关爱学生。

当然，班主任教师对学生的爱心也是有限度的，学校管理提倡班主任教师“奉献”和“燃烧自己，照亮他人”，要符合社会的道德、法制要求和基本的价值观。比如，不能以损害班主任教师的身体健康或忽视自身亲情为代价而一味奉献。当前，社会各界对班主任教师工作有着较高的期望，但不能过度强调班主任教师的“无私奉献”和“舍己为人”，不能忽视班主任教师的基本权益和人格尊严。

(五)责任感

学校教育培养学生成长为社会需要的人才，教师要为之承担一份责任，切实承担起教育者的社会责任。教师对学生良好的教育引导需要责任感的有力推动。责任感是教师专业标准体系中的重要内容。

班主任教师肩负着班级及学生教育的责任。班主任教师的责任感是对自身所从事的班级及学生管理工作应当肩负的责任的感知和接受。班主任教师需要充分认识到自己对班级学生良好发展的重要性，对班级管理及学生教育工作尽职尽责。

拥有责任感的班主任教师会感受到自己肩负着培养学生成长的教育责任的重要价值。这份责任感为班主任教师的工作赋予了深刻意义，促使班主任教师尽心尽力做好班级管理工作，努力实现班级学生的全面发展。

教师与社会中其他许多专业人士的不同之处在于，教师面对的是活生生的人，教师职业被赋予培养人或“育人”的社会责任。班主任教师更是承担着引导班级及学生全面发展的重任。班主任教师的责任就是在班级管理及学生教育过程中，根据教育目的和社会发展的需要，履行教育职责，培养学生成为社会有用之才。

简单而言，班主任教师的责任就是做好这一工作分内的事情。所谓“分内的事情”，核心内容就是班主任教师要努力把班级管理及学生教育工作做好，这是班主任工作必然的、固有的责任。

班主任教师的责任是其职业角色与应当承担的法律义务、社会责任和专业素养的统一。从宏观来看，班主任教师的责任是社会发展所赋予教育促进班级和学生发展的使命，这种使命体现于班主任教师按照社会发展的期望和教育规律来培养学生。从微观来看，班主任教师的责任体现于学校教育及职业规范的要求，班主任教师对班级管理负责，对班级学生的全面发展负责。

班主任教师作为班级学生的教育者和管理者，要充分认识到自身的教育责任，努力承担起班级管理与学生教育的职责。班主任教师的责任感体现在平时的班级学生日常管理工作之中，体现在对班级每一位学生发展的积极关注与引领之中。

为什么学生不出去玩

有一次，我在一所小学听课。当下课铃声响起，上课的教师宣布“下课”之后，我发现学生们大多仍然坐在教室里，只有少数几个学生在教室门外的楼道里玩耍。这样的课间休息似乎显得过于安静。

于是，我建议坐在教室里的学生们课间时间出去玩一会儿。有几个学生告诉我：“班主任老师不让我们出去玩。”“出去玩会被老师‘骂’。”

我觉得有些奇怪，就问学生为何如此。学生们告诉我，他们班教室在教学楼的三层，以前课间休息时，同学们都会到楼下玩一会儿。但是，最近班主任教师不知道为什么要求全班学生课间不要下楼去玩，只允许在楼道里玩。由于楼道的空间有限，学生们就只好都待在教室里不出去玩了。

为什么班主任教师对学生如此要求呢？这位班主任教师告诉我，主要是因为最近学校出现了几次学生上下楼梯摔跤的事件，学校领导要求班主任教师加强对班级学生的管理，要提醒班级学生上下楼梯当心一些，要对班级学生进行有关上下楼梯的安全教育，并指示“学生在课间最好不要下楼去玩”。

于是，这位班主任教师就直接不允许全班学生课间下楼去玩了。这似乎也符合学校领导的管理意图，而且这样做就杜绝了学生上下楼梯摔跤事件的隐患。用这位班主任教师的说法，这样做是为了学生的安全，是出于对学生的爱和责任感。

以上对学生上下楼梯摔跤这类学校安全事件的处理，我们可以感受到班主任教师禁止学生上下楼梯的做法似乎是为了学生发展着想，但是不允许学生课间下楼去玩的做法似乎并不被学生接受，也有悖于学生身心发展特点。

学校领导和这位班主任教师处理学生上下楼梯摔跤事件的做法可能过于简单化了，更多的是为了便于学校管理、便于教育管理，而不是为了学生良好发展。

班主任教师合理的做法应该是引导学生如何安全地上下楼梯，培养学生的安全意识，引导学生学会安全的行为习惯。这才是为了学生着想，是班主任教师对学生爱心与责任感的体现。

在学校班级管理中，如果管理理念偏离了为学生发展服务，或者管理方式不利于学生发展，那么这种班级管理就与学校教育目的相悖，就是一种简单化的班级管理。这种班级管理往往是为了学校管理者或班主任教师管理方便省事，而不是为了学生发展。这与班级管理是为了学生更好发展的基本理念相违背。

班级学生有发展的共性特点，也有各自不同的个性特点。学生的能力与行为表现不仅有水平差异，也有类型差异。班主任教师对班级及学生的管理不必迫切期望每一位学生都达到统一的水平或同时达到某个水平，而应在关注学生不同个性特点的基础上给予相应的教育和引导，这符合因材施教的基本原则。因此，班主任教师要树立积极的学生观，视学生为发展的人、有个性差异的人，接纳学生的个性差异表现，引导学生获得良好发展。

此外，与班主任教师的职责相关，还有一个问题值得进一步思考：对于班级管理来讲，如果学生出现了类似于上下楼梯摔跤的安全事件，到底是谁的责任呢?

对这一问题的回答似乎非常简单：学校如果尽到了安全教育与引导的职责，就不应承担责任。但是，当前学校及班主任教师对于学生的责任有扩大化的表现。

从宏观角度而言，学生获得良好发展是家庭、学校和社区等多方面教育影响因素共同的责任，这些主体各自承担相应的教育责任，并相互合作，共同努力实现学生全面健康成长。

其中，班主任教师对于学生发展的责任也是有限度的，不能被无限夸大，否则，面对无限的责任，班主任教师难以承受，会适得其反。比如，学生的发展受到先天遗传和后天环境等各种因素的影响。就后天环境中具体影响因素而言，家长、教师、同学、同伴、邻里或社会机构人员等都会对学生发展产生各种各样的影响。其中，家长和教师的作用最为关键。班主任教师作为学生发展影响因素中的重要角色，对学生良好发展负有一份重要责任。

不过，在当前学校教育现实中，班主任教师的职业责任界限有时较为模糊，承担的责任难以明确，且往往被过度扩大化。比如，学生在学校发生的一些安全问题或事故，都很容易归咎于学校，向班主任教师追责。

尽管教育部出台了《中小学幼儿园安全管理办法》，但是，对班主任教师应承担的责任缺乏准确解释和界定。面对具体的学生安全问题时，班主任教师的责任仍然经常被习惯性地扩大化。班主任教师肩负着班级管理与教育等较为繁杂的事务性工作，同时，在当前的教师管理制度下，班主任教师往往还承担着教学工作。当班主任教师无力承担这些被扩大化的责任时，就会弱化其承担本职工作的责任感。

从发展的眼光来看，班主任教师的责任有待进一步具体化和可操作化，这对提升班主任教师的责任感、吸引具有责任感的人从事班主任教师工作、提升班主任教师的专业地位都有着实质意义。

总之，教师对学生发展所应承担的教育责任是有限度的。依法依规明确班主任教师的责任是其承担责任的前提。只有明确班主任教师应有的教育责任，班主任教师才可能切实有效地担负起班级管理与教育的责任。

二、班主任教师的专业特点

(一)复杂的脑力劳动

优质的管理活动经常表现为一种复杂的脑力劳动，需要管理者的智慧。班主任教师的班级管理也如此。形象地说，班主任教师在管理班级及学生的过程中，往往要面对学生与学生、学生与教师、教师与家长等多种人际关系，处理多种多样的矛盾与冲突。尤其是解决学生的发展问题，往往既要与学生“斗智斗勇”，又要从根本上为学生发展着想。

班主任教师工作与课堂教学工作一样，其劳动主要体现为复杂多变的、具有智慧的、需要用心对待的脑力劳动。认知心理学研究表明，在社会生活中，大多数人的智力发展处于中等及中等偏上水平。一般而言，人们获得成功或取得成就往往需要有中等水平的智商作为必要条件，在此基础上，体现着情绪管理水平的"情商"(情绪智力)对人的成功或成就才起着更为关键的作用。

因此，就班级及学生管理这种复杂的脑力劳动而言，更为重要的是班主任教师要拥有良好的情绪智力。情绪智力是个体监控自己及他人的情绪和情感，并识别、利用这些信息指导自己的思想和行为的能力。这种能力是情绪与智力的联结，属于智力的一种类型(Mayer, Salovey & Caruso, 2004)。概括而言，情绪智力主要包括四个方面：①准确知觉、评估和表达情绪的能力。主要包括清晰感知自己的情绪、感知他人的情绪和表达情绪及需要的能力。②借助或利用情绪促进思维的能力。主要包括利用情绪来引导注意力，多角度思维或换位思考，进而提升问题解决效率的能力。③理解情绪或情感信息的能力。主要包括理解情绪的意义、理解复杂心情和分辨情绪或情感转换的能力。④调节和管理情绪的能力。主要包括判断和利用相关信息调节和管理自己的情绪，监控自己与他人相关情绪的能力，调节和管理他人情绪的能力。

近年来，教师的情绪智力因素教育培养对学生的重要性不断受到关注。有研究表明，中小学教师的情绪智力与其职业倦怠之间存在非常显著的负相关，伴随着教师情绪智力的提升，其职业倦怠程度也有所降低，尤其是情绪智力的"情绪调节能力"这一维度对职业倦怠具有显著负向预测作用(姚计海，管海娟，2013)。班主任教师的积极情绪及有效的情绪调控，对学生身心全面发展以及对教师的认知和内在动机与心理健康都具有重要作用。教师良好的情绪智力也对其专业发展具有积极的促进作用。

从事班级管理活动和从事教学活动都是较为复杂的脑力劳动，都需要教师拥有良好的情绪智力，积极调控自己的工作情绪状态。不同于从事课堂教学工作的教师，从事班主任工作的教师要专注于班级及学生的教育管理事务，而学生全面发展过程中的各种问题也都需要班主任教师拥有积极的情绪调节能力。因此，与教学工作相比，班主任工作更具有复杂的脑力劳动和情绪智力特征，班主任教师需要更大的管理智慧、更多的情感投入。

事实上，当前中小学校的班主任教师一般都兼任着课堂教学工作。从事这样两种不同专业性质的工作，往往要比只从事教学工作或只从事班主任工作所付出的脑力劳动更需要复杂的脑力劳动。

就班级管理与学生教育这种复杂的脑力劳动而言，班主任教师往往需要经历专业理念、知识与能力的培养与训练，学习情绪情感调节的技能与方法，获得良好的情绪智力，以更好地适应班级及学生管理工作的专业要求。

(二)丰富多样的人际关系

班主任教师要面对和处理纷繁复杂的人际关系，主要涉及师生关系、学生之间的关系、教师之间的关系、教师与家长的关系等。

1. 师生关系

师生关系是班主任教师与学生基于班级管理平台，在态度、认知和情感方面，通过各种形式和不同程度的人际互动而形成的结构与类型较为丰富的人际关系体系。良好的师生关系是班主任教师开展班级教育管理活动的有效保障。

中小学生处于认知与社会性不断发展成熟的时期，其心智迅速发展，发展潜能巨大，人际交往技能不断趋于成熟。但是，由于中小学生整体仍然处于身心发展相对不成熟的阶段，比如，小学生处于思维发展转折期，中学生处于心理波动的青春期，因此班主任开展学生工作时可能会遇到各种棘手的难题，如果不能妥善处理，就可能引发师生矛盾，甚至产生严重的师生冲突。

班主任教师需要充分了解学生身心发展的普遍规律、班级学生的整体情况和每一位学生的具体特点，善于从学生的视角看待问题，理解学生的所思所想，与学生建立良好的师生关系，从而开展有效的班级管理与教育活动。

当今时代，中小学班主任教师已经不是传统学校教育意义中绝对权威的管理角色，学生也不是传统学校教育意义中绝对服从的被管理角色。班主任教师很难再使用“管、卡、压”等简单粗暴的教育方式来管理班级学生。随着社会的发展和教育的进步，学校教育在重视学生全面发展的同时，也越发重视培养学生的个性，学生的独立思维与批判精神都不断萌发。因此，中小学校提倡教师与学生之间建立民主、和谐、平等的新型师生关系。基于这种师生关系，学生能体会到班主任教师的尊重、信任、友善和关爱等积极情感。

2. 学生之间的关系

在班级学习与生活中，学生之间自然而然有着各种人际交往，并建立各种人际关系。有些学生之间的人际关系有助于班级及学生发展，而有些则有碍于班级及学生发展，这些都需要班主任教师及时关注。

比如，如何组织班级学生之间开展小组合作、互助活动等积极的人际交往问题，班主任教师要积极予以引导。如何解决学生之间发生的打架、冲突等消极的人际交往问题，班主任教师也要积极加以应对。

近年来，在中小学校，班级学生之间发生的校园伤害事件受到社会各界的广泛关注，需要班主任教师予以高度重视。中小学生欺凌行为时有发生，这对班主任教师处理学生之间的人际交往问题提出了考验。

欺凌行为，也称为霸凌行为、欺负行为。校园欺凌行为通常是指学生与学生之间不平等或不合理的身心压迫、伤害或攻击行为。它具体表现为学生之间在言语、肢体及人际交往等方面的恃强凌弱，是学生人际冲突或人际交往不和谐的表现。

校园欺凌行为一方面不利于受欺凌学生的身心健康成长，可能给学生带来持久的心理创伤；另一方面也使欺凌者产生恃强凌弱的快感，长此以往，其可能形成扭曲或反社会的人格特征。

因此，班级学生之间消极的、不合理的人际交往，以及与此相关的班集体建设问题都需要班主任教师及时关注，并予以有效干预，妥善处理。班主任教师有责任为班级学生创设积极和谐的人际氛围，引导学生之间建立互助友善的人际关系，促进学生在班集体的人际活动中获得健康成长。

3. 教师之间的关系

学校教师之间有着丰富的人际交往关系，如合作关系、互助关系、管理关系等。教师之间建立相互尊重、相互信任、相互支持的良好人际关系，对教师有效开展班级学生教育工作具有积极的作用。

一方面，班主任教师要建立与其他教师良好的合作关系，取得这些教师对班级管理的信任和支持。具体而言，班主任教师在班级管理过程中，要经常以各种方式与本班级的任课教师、其他班级的班主任教师以及任课教师等共同组织班级日常教学活动、参加班级主题活动、召开家长会、进行家访、应对学生的突发事件等。这都需要班主任教师围绕班级管理，积极建立学校内部的各种教师人际交往与合作。另一方面，班主任教师要建立与学校管理者良好的人际合作关系，取得学校管理者对班级管理的信任和支持，形成促进班级学生发展的合力。比如，就一些班级学生发展的特殊状况或问题，班主任教师有必要及时与学校管理者沟通，通报学生发展的问题、情况，寻求更为广泛的学校教育管理力量的合作与支持。

另外，在班级及学生管理的过程中，为了实现学校教育和班级管理目标，各个班级总会有自己的班级管理理念、管理方式和管理风格。这些班级管理特点会或多或少、不知不觉地迁移到班级学生的日常行为中。而学生的行为方式会在与学校其他教师的各种人际互动中发挥作用。

因此，班主任教师要与学校各种教育者和管理者适时建立有效的联系，形成促进班级学生发展的学校内部的教育合力。

4. 教师与家长的关系

当前，由于社会竞争与教育资源不足等原因，使得学生家长比以往任何时候都更为关注孩子的教育，这对学校和教师提出了更高的要求。由于不同家长对孩子的教育理念和方式差异较大，有的家长对学校和班主任教师缺乏信任，有的家长只关注自己孩子的成长而不考虑学校与班级管理的视角，等等，这些都给班主任教师建立良好的家校合作关系增加了难度。

学生的健康成长离不开家庭教育的支持，离不开教师和家长的相互信任与合作。班主任教师与家长建立良好的相互支持的协作关系，对班级及学生发展具有重要意义。班主任教师的专业性体现在其能与家长建立有益于学生培养的人际关系。我国2008年修订的《中小学教师职业道德规范》中指出，教师要以礼貌的言行对待家长，“平等对待学生家长，认真听取意见和建议”。

努力与家长建立良好的人际关系，本身就是班主任教师的职责所在。班主任教师要负责就学生发展状况及出现的问题及时与家长进行沟通与交流，争取家长的配合，更好地解决问题。比如，遇到个别学生出现较为严重的心理问题或心理障碍时，班主任教师有必要及时联系家长，与家长协商，积极联系校内或校外的心理咨询或心理治疗专业人士，建议家长积极寻求专业人士的帮助。如果家长能积极配合学校教育及班级管理工作，也有助于减少班主任教师的工作负荷，有助于班主任教师更好地投入班级学生管理工作中。

然而，有些家长对自己的孩子要求过高，经常对班主任教师的班级及学生管理工作提出不合理的要求，甚至指责、抱怨班主任教师。如果班主任教师处理不好与家长的人际交往，产生人际冲突，就有可能增加自己的工作压力和负荷，降低工作效率。

比如，在一次学校调研中，有一位中学班主任教师无奈地反映，有一天晚上 12 点多了，有个家长给自己打电话。电话刚一接通，就听见电话那边的家长愤怒地说："明天去教委告你!"说完电话就挂断了。这位班主任教师感到莫名其妙，不清楚发生了什么事情。仔细想想，可能是当天下午在班级里批评了这个家长的孩子。这让这位班主任教师感到非常委屈和难过。

正如有一位小学班主任教师所言："有些家长真的很'难缠'，让班主任教师感到身心疲惫。"事实上，"难缠"的家长往往是导致班主任教师产生较大工作压力和情绪焦虑的重要影响因素。如果有的家长缺乏积极合理的家庭教育理念和方式，对学校教育和班级管理不满意、不配合，而采取令班主任教师意想不到的极端行为，可能给班主任教师带来更大的心理压力，甚至造成心理伤害。

这就需要班主任教师投入时间和精力，指导家长树立合理的家庭教育观念，学会正确的家庭教养方式，引导家长支持班级管理和学校教育工作。学校管理层及教育主管部门应该建立相应的制度来提升班主任教师与家长之间的信任度，规范和促进家庭与学校之间的有效合作。

一次特殊的家访

新学期开始，有一所学校开展了一次特殊的家校合作活动。校长带领学校的十几位班主任教师，一起去十多个“特殊的”学生家庭中进行家访。这些“特殊的”学生在学校里都备受班主任教师的关注。之所以受到关注，是因为他们在学校及班级中经常出现各种各样的学业和行为规范方面较为严重的问题，处理这些问题让班主任教师感到“头疼”。甚至，有的班主任教师无奈地表示：“有的学生就是笨，不管教师怎么教，学生都学不会。”

这所学校虽然位于城镇地区，但由于学校对学生采取半寄宿制管理，有一些学生的家庭位于距离学校较远的农村山区，经济发展远远落后于城镇地区。不过，校长与班主任教师们还是不辞辛苦地对这些学生的家庭一一进行了走访。

在家访过程中，班主任教师们了解到了学生的家庭情况，了解到了学生在家庭中的学习与生活环境。同时，班主任教师也向家长介绍了学生在学校的学习情况，向家长宣传介绍了学校的一些教育规定，并倾听家长对教师和学校的建议意见，与家长共同探讨如何促进孩子更好地成长。

这次特殊的家访活动让班主任教师有机会从不同视角审视学生的成长经历，审视学生出现各种问题的缘由，增加了班主任教师对学生的家庭及其教育的理解，给班主任教师的班级管理理念带来了很大触动和感悟。

家访活动结束之后，班主任教师对家访过程中的图片、文字记录、感受与反思等进行了整理和总结。有一位班主任教师在家访总结中写道：“家访发现，多数学生家长的文化水平较低，甚至有的家长只是小学毕业。”还有一位班主任教师表示：“看到学生简陋的家庭生活环境，看到有的家长对孩子教育的漠不关心，以后不再抱怨学生笨了。”

可见，家访作为一种教师与家长沟通合作的教育方式，有助于教师深入了解学生的家庭教育背景、经济状态、生活环境以及学生的性格特点和行为表现等，并向家长反馈学生在学校期间的学习生活情况。家访的目的在于教师与家长双方相互沟通交流、相互合作，探讨教育学生更好发展的途径和策略，形成家庭与学校的教育合力。

当然，这里探讨“家访”的作用，并不在于提倡每一位班主任教师都要进行家访，而在于提倡每一位班主任教师都要积极与家长沟通交流，了解学生的家庭教育状况和成长经历，与家长建立良好的人际关系，与家长携手建立有益于班级建设和学生发展的家校合作关系。

事实上，教育部制定的《小学教师专业标准(试行)》《中学教师专业标准(试行)》指出，教师要与家长进行有效沟通合作，共同促进中小学生发展；但是，并没有明确规定中小学教师一定要进行家访。教育部制定的《中小学班主任工作规定》也没有要求班主任教师一定要进行家访，但也指出，班主任教师要善于与学生、学生家长及任课教师和其他教职员工进行沟通，主动与学生家长、学生所在社区联系，努力形成教育合力。

因此，基于以上对“特殊”家访经历的分析，班主任教师作为专业人士要具有良好的沟通理念和能力，善于与班级管理相关人员进行沟通与交流，通过多种途径和方式与班级学生、学生家长、任课教师、学校管理者等相关人员建立积极的人际关系，从多种视角了解学生心理与品行发展的状况与特点，并结合多方面的教育力量促进班级及学生更好地发展。善于建立有助于班级学生良好发展的人际关系是班主任教师专业性的体现。

(三)生成性与创新性

1. 生成性

生成性强调学生在常规学习中，存在开放、动态、互动、变化的发展过程，因此，教育教学要基于学生复杂多样、不断变化的特点来实施，并根据学生的这种特点及时灵活地调整教育教学方法和策略。以往的学校教育与学生管理主要关注的是学生在课堂教学活动过程中的生成性。

对于班主任教师而言，班级及学生管理也存在生成性，即生成式管理，强调学生发展及其班级建设往往存在一些复杂的、动态的管理过程。在这一过程中，处于心智迅速发展阶段的中小学生时常充满了新思维、新想法、新做法，这对班主任教师的管理不断提出意想不到的新挑战。

因此，班主任教师不能视班级学生为“被动接受的个体”，而是要意识到学生发展的主动性和多样性，尊重学生发展的生成性特点，并积极应对学生在发展过程中不断“生成”的新特点、新表现。

事实上，在学生教育及班级管理中，班主任教师往往对学生的特点及发展有着管理预设。充分的管理预设有助于班主任教师按部就班地开展学生管理工作，但是，有些班级管理事务可能并不会按照班主任教师的设计进行，班级管理过程中时常出现变化和新异表现。这种情况就需要班主任教师进行生成式管理，依据学生及班级的发展变化特点，及时更新管理理念，调整管理策略，取得管理实效。

管理预设与生成之间并不矛盾，班主任教师预设班级及学生的发展目标，预设班级开展的教育内容，预设班级管理的方式和策略，并不妨碍班级管理的生成性。充分的班级管理预设为应对学生发展变化、实施生成性管理提供了必要的准备。

当然，针对班级及学生发展的生成性管理，班主任教师要尊重学生身心发展的基本特点，遵循学生的心理发展及教育的基本原理和规律。在此基础上，班主任教师积极面对“变幻莫测”的学生发展特点及其出现的各种问题，生成性管理才富有意义。

“教育有法，但无定法”，这一观点在学校教育中形成共识，受到广泛的认可。其中“但无定法”正体现着学生在受教育过程中的生成性。班主任教师的班级管理工作也具有“管理有法，但无定法”的特点。

2. 创新性

学生发展的生成性特点对班主任教师的班级管理工作的创新性提出了较高的要求。如果班主任教师缺乏班级管理的创新性，那么将很难应对学生生成性的行为表现及发展过程中出现的各种问题。班主任教师的创新性主要体现在其班级学生管理过程中思维的发散性、变通性、流畅性、批判性等方面。

(1)发散性

思维的发散性是求异思维或多元思维的体现，是指个体在解决问题过程中，从不同角度考虑问题并进行分析判断。思维的发散性反映着人的视野开阔和思维多样，经常表现为打破常规思维，不按照现成的方案和角度来思考与解决问题，因而可能产生有创见的、新颖独特的观点或行为。通常所说的“一题多解”“一物多用”就是思维发散性的体现。

班主任教师面对复杂多样的学生及班级管理问题，其管理思维要具有发散性，要善于对班级及学生问题进行多元思考，设计多种解决问题的策略和方法，以便根据不同的情况实施不同的管理。

(2)变通性

变通性是创新思维灵活性的体现，它反映了人们在解决问题的基本原则不变的情况下，善于打破头脑已有或预设的思维模式，根据具体情况的变化，灵活选择新的方向或新的途径来分析、思考和解决问题。变通性表现为打破旧的思维方式或内容，而灵活产生新的思维方式或内容。

班主任教师在面对班级学生出现的各种问题时，经常需要具有思维的变通性。当一种班级管理方法行不通时，就应灵活应对，以学生问题得到解决和班级良好发展为管理导向，考虑转换新的思维方式，寻求新的问题解决策略，而不能过于固执，固守旧的思维方式。

(3)流畅性

流畅性是人们合理而迅速思考问题的思维特征。流畅性反映了人们在解决问题过程中能够较为快速地进行思维加工，对事物逻辑关系的思考较为严密，流利通畅，顺理成章。思维的流畅性程度依赖于人们储备知识信息数量的多少，也依赖于人们对所储备知识信息之间逻辑关系的建构程度。

班主任教师在处理班级事务和解决学生出现的问题时，要有敏捷、流畅的思维，以便及时应对学生问题，并有效管理班级。通俗地讲，班主任教师的班级管理思维需要快速又有效地运转，才能帮助其更好地解决学生的发展问题。

(4)批判性

批判性思维是指个体基于良好判断，使用恰当的评估标准对事物的价值进行评估和思考的过程。它对人的创新行为具有重要作用(侯玉波，2017)。批判性是人透过现象探究和认知事物本质的一种思维方式，它强调人对事物的真伪、对错、善恶等做出审慎、理性、独立的评判。

批判性思维能力是21世纪的通用素养之一。教师肩负着培养学生批判性思维能力的重大责任，然而，研究指出，教师的批判性思维能力不强，缺乏进行批判性思维教学的必要的策略性知识(李晶晶，潘苏东，廖元锡，2017)。对班主任教师而言，在班级管理过程中，班主任要基于合理的社会认知和价值判断，评价、反思和审视自身的思维特点，改进或完善自身的思维方式，从而解决班级及学生出现的问题。更为重要的是，班主任教师的批判精神有助于激发和培养班级学生的批判性思维，潜移默化地引导学生学会批判地认识事物和处理问题。

概括而言，在班级管理的过程中，班主任教师的创新思维具有重要作用。班级及学生出现的许多问题具有临时性、突发性和复杂性，时常很难找到处理这类问题的参照模板或方式。以往班主任教师采用的有效管理方式可能并不适合当前对学生问题的处理，而且，对于某些班主任教师有效的班级管理方式也可能并不适合另一些班主任教师。这都需要班主任教师发挥创新精神，展现思维的发散性、变通性、流畅性和批判性，合理而有效地应对班级学生的发展问题，引导学生全面发展。

“管好”与“好管”

有一位家长就孩子在学校遇到的问题向我咨询。这位家长的孩子刚上小学一年级，有一天家长去学校接孩子放学回家，发现孩子回家路上都是很不开心的样子。到家之后，没等家长询问原因，孩子就把学校给“投诉”了。孩子非常困惑地问家长：“为什么上课时手要这样放?”孩子摆出了一个双手平举在胸前，叠放在桌面上的姿势。

情况原来是这样的：班主任教师要求班级的每一位学生上课时必须坐端正，要把双手小臂平行交叉叠放在课桌上，而且必须把双手平展开。(这个姿势不太好形容，有过类似经历的人可能很容易想象出孩子上课的这种坐姿。许多年以来，这种坐姿在小学低年级的班级课堂管理中非常普遍，大家似乎已经习惯成自然。)

虽然孩子努力尝试这样坐着，但是没几分钟就不能遵照这种姿势的要求。经过教师的严格要求和反复提醒，孩子总算能保持这种姿势坐一段时间。

可能觉得这种姿势不舒服，孩子不喜欢这种坐姿，但是为了遵守教师的要求，孩子不敢“反抗”，只能忍着这样坐。其间，有一次孩子似乎为了表示内心的“抗议”，就偷偷地把双手握成了拳头，结果被火眼金睛的教师察觉到，严厉提醒孩子把双手平展开，严格遵守标准坐姿。

面对孩子的“投诉”，这位家长不知如何解释。家长自己小时候就是这样坐在教室里长大的，从来没有过这样的疑问。于是，家长向我咨询，如何向孩子解释呢？

在一些小学调研时，我们与教师们多次讨论了这个学生“投诉”的问题。许多教师表示，没有思考过这个问题，好像学生上课这样坐着是天经地义的事情。也有一些教师认为，对于低年级小学生的管理，上课时要求这种坐姿，既合理，又有效。这有利于保持良好的课堂秩序，也有利于教师管理学生。有的教师表示：“如果不要求一年级小学生这样坐，课堂就会变得很乱，教师就没法上课了。”

我们进一步向教师们询问：“如果不要求学生的坐姿，那么教师能不能把课上好？”很多教师对此表示怀疑。不论是否能把课上好，教师们普遍表示：“不要求学生的坐姿，那样上课太难了，教师要做多少精心准备工作啊！”

值得思考的是，这个在学校里微不足道的问题，却可能蕴含着学校教育与管理的大道理。从管理学的视角来看，管理的目的是什么？是为了更方便管理者管理，还是为了被管理者更好地发展？

就学生管理而言，学校教育似乎存在两种截然不同的管理追求或管理理念：一种管理是为了把学生变得“好管”，而另一种管理是为了把学生“管好”。

1.“好管”

“好管”意味着教师管理学生是为了教师着想，为了教师便于管理，而不考虑学生的发展需求和规律，不重视学生的个性特点。形象地说，就是“怎么方便怎样管理”。一些“管、卡、压”的管理方式看似非常便于管理，就自然而然地成为一些学校教师管理学生的基本方式，其背后的管理理念不是为了学生发展，而是为了“好管”。

于是，教师在管理学生时，有意无意地更多考虑怎么能“好管”，而常常忽视学生的心理需求和感受。用一位学生对教师的“高压”管理的评论来说，就是“管你没商量!”正如学生每天按照教师要求的坐姿坐着，却不知道为什么要保持这样的坐姿，那么学生在这种管理过程中学会了什么呢？试想，学生长大以后，进入社会工作领域，担任管理职责时，他们会如何管理他人呢？

2.“管好”

“管好”意味着教师管理学生是为了学生发展着想，尊重学生的人格与个性，理解学生的发展特点与需求，与学生之间建立民主、和谐的师生关系，采取有益于学生成长的管理措施，旨在引导学生获得更好的发展。这种管理理念才真正体现着管理者有价值、有意义的追求。

比如，对一年级小学生的教师来说，如何以“管好”的理念管理班级学生的坐姿呢？这就需要教师关注学生的发展，关注如何管理将有益于学生发展，聚焦课堂学习本身，提升自身的教育教学素养，引导学生专心听课，积极参与课堂互动。至于学生以何种坐姿来学习，教师需要引导学生尊重班级其他同学、尊重上课的教师，允许学生以舒适得体又自然的姿势来聚焦课堂学习活动。

这并不意味着学生管理的放纵，相反更是注重学生学会懂规矩、守规则。学生尊重他人、尊重自己，这些都是有益于学生更好发展的教育内容。比如，如果学生的坐姿端正，并无异常，没有干扰其他同学，也没有影响教师的课堂活动，那么教师应允许学生自主地选择坐姿。而如果课堂上有学生表现出对其他同学的干扰，或对教师的不尊重，教师要及时予以批评教育，耐心引导，有针对性地给学生立规矩。

3.“管好”与“好管”的区别

学校管理中，“管好”与“好管”并不难区分，“是否为了学生发展”就是最简单的区别标准。“管好”就是遵循学校教育目的，为学生发展着想；而“好管”则违背学生教育目的，不为学生发展着想。

举个例子，教室里学生们很喧闹，教师希望学生安静下来。“好管”就意味着教师简单粗暴地使劲敲打讲桌，向学生大喊“安静！”这种管理方式本身给学生做了一个“不安静”的示范，无论是否会使学生安静下来，但是学生并没有真正学会“安静”，也难以体会到“安静”的意义。

而“管好”则需要教师耐心轻声向学生说“安静”，并示意学生要“安静”，为学生做出“安静”的示范，从而引导学生安静下来。当然，对于这种情况，更为重要的是，“管好”还意味着教师要在事情发生之前努力做好充分的准备工作。比如，在班级组建之初，就对学生进行规则教育，引导学生学会“安静”。

当前，中小学教育实践中，有些教师开展学生管理工作，很多出于管理方便而希望把学生变得“好管”。这并不益于学生发展，而且经常导致学生管理问题不但没有被简化，反而变得更加复杂化，使得教师难以应对。

中小学教育工作是非常复杂的、充满智慧的脑力劳动，班主任教师经常面对丰富多样的班级学生特点及问题，其学生教育与管理工作往往体现着较强的生成性和创新性。班主任教师管理学生不应为了“好管”，而应聚焦“管好”。这可能很不容易做到，往往需要教师付出更多努力和辛苦，但更有管理实效，更有益于学生发展。

当然，“管好”虽然对教师专业发展提出了更高的要求和挑战，却更有助于教师成长为学生教育与管理的专业人才。这样看来，不仅学生是“管好”的受益者，而且教师自身也是把学生“管好”的受益者。

三、班主任教师的专业价值

(一)班主任是班级活动的管理者

班主任教师是班集体的组织者和领导者，班主任教师在班级教育活动中要履行管理和育人职责。因此，班主任教师需要拥有先进的教育理念和组织领导能力，在班级管理过程中，通过积极的价值引导和有效的班级管理措施，建设好班集体组织，引导学生健康成长。班主任教师需要通过组织班级的各种活动以及充分的师生沟通，增进班级学生之间的互动和友善合作，形成良好的班主任集体文化氛围。此外，班主任教师还需要对班级管理过程中出现的组织发展问题及时予以妥善解决，加强师生信任，建立班主任教师的班级管理权威地位。

(二)班主任是学生成长的教育者

班主任教师的职责在于通过班级管理促进学生德、智、体、美、劳等全面发展，尤其要重点培养学生良好的道德品质和行为习惯。班主任教师要关注班级管理与学生教育，引导学生学会做人、学会做事、学会与班级同学友善相处。班主任教师要充分了解班级学生的特点，善于发现学生的个性特长、兴趣爱好，积极开发学生的身心发展潜能，激发学生的进取心和求知欲，引导学生向善、求美，努力使其获得全面发展。此外，在班级管理过程中，当学生出现错误或问题时，班主任教师要予以科学合理的引导和教育，帮助学生改正错误，努力解决学生身心发展过程中出现的问题。

(三)班主任是学校内部教育的协调者

班级是学生发展最重要的教育平台，班主任教师是影响学生发展的重要他人。同时，在学校中还有很多其他教育因素，诸如班级任课教师、学校其他教师和学校管理者，以及学校上级主管部门等，都对学生的发展起着重要作用。班主任教师正是这些学校内部教育力量的组织协调者，积极与学校内部各种教育者沟通交流，协调学校内部诸多教育因素，使各方在班级管理和学生教育相关问题上达成共识，形成教育合力。比如，班主任教师要经常与班级的任课教师积极沟通，了解学生的学业表现，协助任课教师解决课堂教学中遇到的班级学生管理问题，与任课教学共同探讨有效的教育策略，促进学生的学业进步。

(四)班主任是学校与家庭、社区的联络者

学生的家庭教育状况、社区教育环境对学生发展具有重要作用，

也与学校教育密切相关。学校与家庭往往共同承担着学生培养的重任。学校教育与家庭教育和社会教育之间的沟通、联络主要由班主任教师负责。班主任教师需要经常与学生家长联络沟通，建立学校教育与家庭教育之间相互信任的合作伙伴关系，赢得家长对学校教育及班级管理的理解和支持，发掘家庭和社区有益于班级建设和学生培养的教育力量，引导家长积极参与学校教育与班级管理活动，与家长、社区相关人员共同探讨班级管理与学生教育的有效措施和方法，使学校教育与家庭教育、社区教育密切配合，取得更好的教育效果。

第五章

班主任教师专业化的实质

随着时代的变迁与社会的进步，学校教育在国家建设与发展中的重要地位越发不容置疑，教师对学生教育和人才培养的重要意义越发不容忽视。在这一过程中，教师职业不断获得专业化发展，教师的专业素养和专业地位也不断得到提升。

班主任教师作为中小学教师队伍的重要组成部分，对班级管理和学生教育具有举足轻重的作用。班主任教师的专业化受到学校教育及社会各界的充分重视。但是，班主任教师专业化也存在一些问题和挑战，需要学校管理部门与班主任教师积极面对。班主任教师的专业性和专业地位仍有必要进一步明确并深入探讨和研究，从而为更好地实现班主任教师专业化夯实基础。

一、教师专业化的发展历程

当代社会，教师专业化越来越受到世界各国的重视，日益成为世界教师教育和师资建设的发展趋势。教师专业化的基本含义是教师职业不断发展而成为一种专业的过程。通过教师专业化，教师不断获得专业训练，形成专业理念和伦理，掌握专业知识和专业技能，成为学校教育领域的专业人士。

我国教育改革和教师教育发展要求通过促进教师专业化发展来提高教师的专业素质，改善教师的专业地位，进而促进学校教育进步和社会发展。可见，教师获得专业化发展具有重大的意义。

整体来看，教师专业化的发展历程经历了从非专业化到专业化、从群体专业化到个体专业化、从个体被动专业化到个体主动专业化的过程。

(一)从非专业化到专业化

人类进入工业社会以前，尤其是在古代文明社会，对教师的要求在数量和质量上都相对不高，也没有严格的教师职业规范。教师仅仅是有“知识”的人，教师工作也不被视为一种专门化的职业。从事教师工作不需要通过专门的师资机构进行职前培养或职后培训，也没有进行专业化训练的师范教育或教师教育机构。教师发展呈现出非专业化的特点。

随着社会的发展，人们对教育的需求不断提升，对教师职业的认识逐渐发生转变，它开始被视为一种专门职业。教师的专业化与社会经济发展、科学技术革新及教育自身的进步密切相关。教师接受专业化的教育或训练的需求日益高涨，因此出现了培养、培训教师的专业教育——师范教育。师范教育是现代社会的产物，它的出现标志着教师专业化发展的开端(刘捷，2002)。

(二)从群体专业化到个体专业化

教师专业化发展最初表现为教师群体专业化发展趋势。这种发展趋势有两种取向：一种是“专业主义”取向，即侧重通过制定严格的专业规范来提高教师的专业性；另一种是“工会主义”取向，即侧重通过谋求社会对教师专业地位的认可来获取教师的专业性。

在谋求教师群体专业化的两种取向的竞争中，专业主义取向逐渐占据上风。它通过教师专业组织的内部自治，制定较高的入职资格许可、资格认定、任职和专业制裁标准等措施促进教师专业化发展。

然而，制定严格的专业规范、标准等专业主义的做法虽然有助于专业制度的建设，但是这些制度关注的是把不符合教师专业要求的人“过滤”掉，难以保证每一位教师专业不断提高。因此，教师专业化逐渐从教师群体专业化向个体专业化发展转变，教师专业化开始关注教师个体的个性特点及个体之间的差异性，使得教师专业化的表现更为丰富多样。

(三)从个体被动专业化到个体主动专业化

教师个体专业化发展也经历了一个由强调教师个体被动专业化向强调教师个体主动专业化转变的过程。

教师个体被动专业化表现为教师往往把教育教学工作仅仅作为一种谋生的手段，符合社会及行业的评价成为教师工作的主要动力。教师为了获得社会认同，往往被动地实现外界所制定的专业标准和专业要求。教师往往成为用别人设计好的课程及其目标来传授知识的中介者。在这种情况下，教师专业化程度取决于其专业领域的知识与技术的掌握程度，而这些知识与技术往往是教师被动获得的。

20 世纪 80 年代以前，教师个体被动专业化发展的具体措施是“临床”指导(clinical supervision)和教师评价(teacher evaluation)，到 20 世纪 90 年代初期，“教师评价”这一措施更加受到重视。但是“教师评价”过于看重对教师专业活动水平和状态的评定，并不关注教师在专业活动过程中的内在心理过程，也不关注如何提高教师专业素质和促进教师获得更好的专业发展，对促进教师专业化的效果不佳。因此，这促使人们对教师专业发展进行更为深入的探讨，并提出了“教师自我引导发展”“合作或联合发展”“以变革为定向的教师培训”“教师角色拓展”等教师个体主动专业化发展的新模式。

教师个体主动专业化强调教师在其专业发展过程中的作用和地位，

强调教师发展的关键是基于教育情境的实践性知识不断丰富，强调教师的专业发展要依靠教师敏锐的问题意识和良好的问题解决能力。

随着我国社会的发展和教育的进步，人们对教师职业的专业化提出了更高的要求，对教师个体的专业发展水平也有了更高的期待。中小学班主任教师的专业发展也需要通过教师个体主动专业化来提升其专业地位和社会价值。

二、"班主任"和"教学"的专业辨析

(一)班主任工作与教学工作的关系

从事班主任工作的专业人士称为"班主任教师"，之所以把班主任定位于教师这一职业角色，是为了明确班主任是学校教师的重要组成部分，发挥其教育人、培养人的教师职能。

事实上，中小学教师负责学生的教育工作，主要涉及两大领域：一是课堂教学工作，这类工作主要由学科教师围绕课堂教学活动来实施；二是学生管理工作，这类工作主要由班主任教师围绕班级管理来实施。如图 5-1 所示，两者之间根据不同的学校情况存在或多或少的动态交集。班主任工作与教学工作有着不同的专业性质，并存在紧密的相互关联与协作。

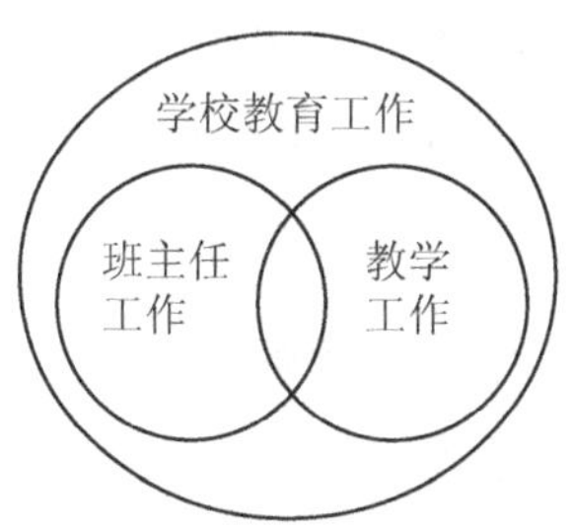

图 5-1　班主任工作与教学工作的关系

当前学校教育现实情境中，班主任工作与教学工作往往交织在一起，担任班主任工作的教师往往也从事课堂教学工作，两者似乎合而为一，没有明显的界限，学校管理往往对两者也不加区分，混为一谈。然而，班主任工作与教学工作在内容和方式上都存在显著的不同，班主任教师负责班级管理和学生教育，而任课教师负责学生的课堂教学和课程学习，两者分属不同性质的学校教育工作。

同时，班主任工作与教学工作并不截然分开，两者也存在部分交集。面对学生的一些发展问题，班主任教师和任课教师需要围绕各自的职责从不同视角进行相互协作，予以解决。比如，班主任教师也要协助任课教师，鼓励学生积极参与课堂学习，而任课教师也可以为班主任教师的班级管理出谋划策。

(二)班主任工作与教学工作是不同的专业工作

面对中小学生的培养，学校教育事务主要涉及两个方面：一是教学，二是学生管理。因此，学校教师工作主要包含两种专业领域：一是从事课堂教学工作的教师，他们在这一专业领域发挥着重要的教学职能，主要负责学校常规的课堂学科教学工作；二是从事班主任工作的教师，他们在这一专业领域主要负责班级管理及学生教育工作。

当前，我国中小学教师的教学工作与班主任工作往往交织在一起，而缺乏明显的界限。比如，从事班主任工作的教师也往往同时担任课堂教学工作，这种“教学”与“班主任”工作相结合的情况是否合理，值得进一步探讨。

事实上，我国基础教育界对教师专业性的探讨一直未能明确从事教学工作的教师与从事班主任工作的教师之间的关系，更多的是把两者综合而论，似乎两者可以天然地合而为一。

许多研究把教师专业性聚焦于从事教学工作，并未明确指向班主任工作。比如，有研究指出，教师专业化发展的心理机制的实质在于教学反思(申继亮，姚计海，2004)。也有观点认为，随着教育改革的不断深化，通过教师的专业发展从而提升教学水平，将会最终促进学生的发展(杨惠兰，展宁宁，陈京军，等，2015)。

一些西方发达国家的中小学校没有“班主任”这一学校组织建制，针对教师专业发展的研究也往往聚焦于教师的教学活动(Avalos，2011)。比如，有研究探讨教师专业发展时，关注的是教学情境中的师生课堂对话与认知合作策略(Pehmer，Gröschner & Seidel，2015)。也有研究探讨在职教师专业发展与其教学信念的关系(de Vries & Jansen，2013)。可见，教师专业发展研究往往聚集于教学工作领域，而对学生班级管理领域缺乏足够的关注。

狭义而言，教师是指学校中履行教育教学职责的人。教师专业既应包括学科教学的专业性，又应包括教育的专业性；对教师任职资格既有规定的学历标准，也有必要的教育知识、教育能力和职业道德的要求，还有教师教育的专门机构、专门教育内容和措施，以及对教师资格和教师教育机构的认定制度和管理制度(刘文媛，2014)。

2006年，《教育部关于进一步加强中小学班主任工作的意见》明确指出：“在普遍要求全体教师都要努力承担育人工作的情况下，班主任的责任更重，要求更高。做班主任和授课一样都是中小学的主业，班主任队伍建设与任课教师队伍建设同等重要。”依照该意见，班主任工作与教学工作都是教师的“主业”，并且对班主任工作的专业性有着“更高”的要求。

可见，教学工作和班主任工作是学校教师工作领域最重要的两种职责、两种专业。班主任教师作为专门管理班级学生的人员，其工作也属于教师职责范畴。基于教师的两方面重要职责，教师的专业发展既包含从事教学工作的专业发展，也包含从事班主任工作的专业发展。

作为专业人士，班主任教师在班级及学生日常管理工作中体现其专业素质。这种班级及学生管理的专业素质与课堂教学的专业素质在学生教育工作中都非常重要，并且两者相辅相成，协同实现对学生的教育培养，促进学生健康成长。

即使将来随着社会发展，学校班级授课制的组织形式会发生改变，甚至被新的学生管理组织形式取代，但是学生管理这一专业领域也难以消失。这是由人的全面发展及其学习成长的基本规律决定的。因此，班主任教师专业发展的实质是不断培养形成开展班级及其学生管理工作的专业素养，成为管理的专业人士。

三、反思班主任与教学的“兼容”管理

（一）班主任工作与教学工作必须“兼容”吗

当前，由于中小学校的教师管理与评价机制或制度决定了几乎所有从事教学工作的教师必须担任一段时间的班主任工作。班主任工作主要由从事教学工作的教师兼任。班主任工作已成为每一位教师在聘任、奖励、职务晋升等相关职业发展方面的重要考核依据。甚至许多地方的中小学校规定，教师职称评定的一个重要标准是必须从事规定年限的班主任工作。如果从事课堂教学工作的教师不承担班主任工作，就意味着教师难以评定和晋升职称，而职称评定对多数教师来说具有重要意义，它往往意味着自身工作的社会认可和价值体现。因此，在当前中小学管理中，班主任工作就似乎理所当然地成了每一位从事教学工作的教师的职责。教师往往兼顾教学职责与班主任职责。

但是，对于教师而言，班主任工作与教学工作两者真的可以“兼容”吗？从事教学工作的教师一定要担任班主任工作吗？教师只担任班主任工作或只担任教学工作，是否就不能称其为现实意义上两者总是

“兼容”的教师呢？

想法很好，但不现实？

近年来，在与全国各地许多中小学校长进行沟通与交流的过程中，针对班主任教师专业化的问题，以及班主任工作与教学工作是否可以分离的问题，我们发现只有很少一部分校长认为教师的教学工作与班主任工作可以“分离”，也应该“分离”，认为班主任工作应该专业化，班主任教师应具有相应的专业地位。

但是，大多数校长并不支持教师的教学工作与班主任工作可以“分离”的说法，而认为两者必须“兼容”，难以“分离”。

有些校长基于学校师资配备不够和班主任人力资源匮乏等现实情况，认为教学工作与班主任工作必须“兼容”，这种管理制度并没有问题，两者“分离”不可行。还有些校长基于教学与班主任具有融合性的视角，强调两者相辅相成、相互支持的关系，坚定地认为两者必须“兼容”。

比如，有的校长指出：“从事教学工作有助于班主任教师了解学生和进行班级管理。如果教师只担任班主任工作，不从事教学工作，那么势必减少对学生的了解，不利于当好班主任。”

这种观点看似有道理，但是经不起细加推敲，存在逻辑不合理之处。从事教学工作可能是了解学生的良好途径，但并不是唯一途径，也不一定是最好的途径。况且，课堂教学过程中，教师了解学生大多关注其学习相关表现。事实上，了解学生的途径有很多，并不局限于课堂教学。比如，组织和参与学生活动、与学生交流、与班级相关教师和管理者交流、与学生家长交流等都有助于教师了解学生。以“从事教学工作有助于班主任教师了解学生和进行班级管理”作为班主任教师必须从事课堂教学工作的依据是难以成立的。

还有的校长认为，这种班主任工作与教学工作“分离”的想法很好，班主任专业化也很有必要，但“很不现实，因此没有意义”。

这种观点依然经不起推敲。班主任工作与教学工作相互分离而不必兼容的想法可能对于当前学校管理来说有些不现实。但是，“不现实”与“没有意义”之间并没有必要的因果联系。而且，“不现实”更可能是班主任工作管理创新的契机。学校管理没有理由以“不现实”来否定班主任工作与教学工作相“分离”的深远意义。

因此，班主任工作与教学工作是否可以既“分离”又“兼容”、怎样既“分离”又“兼容”的问题，仍然有待于学校管理的理论与实践中对此进一步加以探讨和论证。

(二)班主任工作与教学工作既“分离”又“兼容”

班主任工作与教学工作的职责及其相应的专业素质都有着非常大的差异，前者是针对学生的班级管理工作，后者是针对学科教学及课程相关事务的课堂管理工作。班主任是班集体的组织者和管理者，比一般教师更多地承担着引导学生全面和健康发展的重任(闫守轩，2010)。“学生发展指导”作为班主任教师的核心素养，班主任教师要对学生在价值观、学习、活动、生活和心理健康等方面的发展进行指导(林丹，卜庆刚，2017)。显然，班主任教师所关注的这些教育内容并不一定需要从事教学工作的教师也予以关注。

虽然从事教学工作的教师在课堂教学过程中也有学生管理事务，但是，这种学生管理与班主任教师工作有着质的不同。它主要是围绕着学科的教与学的管理，而不是班级及学生日常行为的管理。以下举例说明班主任教师与教学教师的不同职责，详见表5-1。

表5-1　班主任教师与教学教师的不同职责

这属于班主任教师工作	这属于教学教师工作
试想，如果班级中有一位学生患有注意缺陷多动障碍(俗称“多动症”)，对教师课堂教学活动的正常开展带来较大的影响，那么这是谁的职责呢？ 学生表现出的这类问题发生在课堂教学过程中，但它属于班主任教师工作的范畴，需要发挥班主任教师的专业素养。这需要班主任教师采取及时有效的班级及学生教育管理措施，对学生表现出的问题加以充分关注，给予必要的重视和关爱，积极协调各任课教师与学生的关系，积极与家长沟通，协助家长转介心理医学专业人士等，对这位学生实施有效管理和支持。 这类对学生心理与行为问题的管理主要是班主任教师的职责。	试想，在学生上课听讲的过程中，如果教师发现一位学生对教师所讲授的教学内容不感兴趣而心不在焉，不注意听讲，有时还干扰其他同学上课，那么这是谁的职责呢？ 学生表现出的这类问题属于教学工作的范畴，需要教师具有教学专业素养。从事课堂教学的教师有必要采取及时有效的课堂管理措施，引导学生积极参与课堂活动。比如，教师通过改进教学方式、加强课堂中的积极师生互动、提升课堂学习的趣味性、进一步增强对学生特点的了解等途径来提高自身的教学水平，引发学生的学习兴趣，从而更好地实施有效教学，吸引学生积极参与课堂学习。 这类对学生的课堂学习进行管理的工作主要是教学教师的职责。

当然，班主任工作与教学工作并不是截然分离的，从事教学工作的教师如果有能力、有条件，可以对班主任工作起到辅助作用，反之亦然。

因此，在对学生的教育与管理过程中，班主任教师与教学教师的工作往往具有不同性质的职责，分属不同的专业。两者责任分担，相互合作，相互支持，共同完成学校教育使命，实现培养学生的教育目标。

基于不同职责和专业，班主任教师和教学教师所需要的专业素养有着显著的质的不同。从事班主任工作的教师主要需要具有良好的心理学、教育学和管理学等方面的教育管理理念、知识和能力，而从事教学工作的教师则主要需要具有相关学科或课程领域以及“如何教”“如何学”等方面的教育教学理念、知识和能力。虽然班主任教师与教学教师具有一些共同点，比如，两者都需要具有合格的师德和良好的人际交往能力，但是两者所涉及的专业内容、任务和性质都有所不同。

当前，随着社会的进步和教育的发展，学校管理所提倡的教师专业化和教师专业发展，既应强调教师在学科教学方面的专业特征，也应强调教师在班主任工作方面的专业特征。

从教师的工作性质和内容来看，班主任工作与教学工作分属不同的教师专业领域，具有不同的专业特征，它们需要教师工作具有不同的专业化发展。因此，就“教学”和“班主任”两种专业而言，一些教师可能更适合从事课堂教学工作；另一些教师可能更适合从事班主任工作；还有一些教师则可能两者可以兼顾，即能胜任教学工作，又能胜任班主任工作。

换言之，学校管理要选拔具有班主任专业素养的教师专门从事班主任工作，选拔具有教学专业素养的教师专门从事教学工作，选拔具有这两方面专业素养的教师从事两者兼任的工作。

学校管理应促进教师专业发展，为教师专业发展创设丰富的、有利的条件。提升教学工作的专业化程度，有助于专门从事学科教学的教师的专业发展，使其专注于课堂教学活动。同时，提升班主任工作的专业化程度，也有助于专门从事班主任工作的教师专业发展，使其专注于班级及学生日常管理。

当前，有关教育政策及学校管理制度的一些规定仍然要求从事教学工作的教师也要从事班主任工作，即两者必须兼顾。然而，这样的学校管理机制是否具有合理性和有效性，仍然值得进一步商榷。

教学与班主任工作都具有较强的专业性，且二者的专业内涵不同，因此学校管理不应要求每一位教师都能兼顾教学工作与班主任工作。即使有这种管理要求，也必须以教师具备教学与班主任两方面的专业素养为前提。当教师不具备班主任专业素养或其班主任专业素养缺乏考核的情况下，要求教师担任班主任工作，是对班主任教师专业性的不负责，也是对班主任教师的不负责，更是对班级及学生发展的不负责。

从班主任教师专业化的视角来看，学校管理层无法保证教学工作表现很优秀的教师一定能做好班主任工作，也无法保证优秀的班主任教师一定能上好课。对于只从事班主任工作的教师而言，虽然不能像以往两者兼顾时在课堂教学过程中了解学生，但是可以通过班会、班级活动、个别交流、家校沟通等其他多种途径来了解学生，对班级及学生实现有效的组织管理。不从事课堂教学工作并不成为班主任教师了解学生的障碍。

如果学校管理层要求从事教学工作的教师也必须担任班主任工作，或者班主任教师必须担任教学工作，一味机械地要求两者兼顾，那么有可能造成教师人力资源和师资人才的不合理配置，造成班主任教师沉重的心理压力和工作负担，甚至阻碍班主任教师职业的专业化和班主任的专业发展，更不利于班主任教师走向卓越型或专家型教师。

当然，强调班主任教师的专业化，并不意味着班主任工作与教学工作的“分离”。事实上，两者既可以“分离”，也可以“兼容”。两者基于不同的专业性质，围绕学生开展教育教学培养工作，天然地存在着密切的联系。教师只从事教学工作，抑或是只从事班主任工作，还是可以两者兼顾，这需要与每位教师的专业发展现状和特点相结合，充分考虑每位教师的气质和性格等个性特点，考虑教师从事班主任工作和教学工作的需要、兴趣和动机，更要考虑教师的专业理念、专业知识和能力。

如果有的教师善于课堂教学工作却不善于班级管理工作，那么就可以专门从事教学工作；如果有的教师善于做班主任工作却缺乏课堂教学的专业训练，那么就可以只担任班主任工作；如果有的教师能同时胜任教学工作和班主任工作，那么就可以两者“兼容”。这也反映了“人尽其才，物尽其用”，反映了学校管理层对教师人力资源的充分开发和利用，更有助于提升学校组织管理和学生培养的成效。

四、教师专业化与班主任教师专业化

(一)教师的专业化

教师专业化是指教师作为一种社会职业不断发展而成为社会接纳和认可的“专业”的过程。专业具有独特性、有效性和不可替代性三个基本特征。从教师职业纵向发展来看，教师专业化是教师这个职业由非职业、一般职业到专业的演进过程(张学敏，张翔，2011)，其基本含义是把教师视为专业人士，教师要具备相应制度化的专业素养，以使自身成为专业人士。

教师专业化既包括通过教师教育使志愿从事教师职业的年轻学生和专业素质不符合要求的在职教师成为合格教师，使合格教师和优秀教师的专业水平得到进一步提高；也包括通过政策手段，减少不合格教师和吸引优秀专业人员从事教师职业(郝文武，2006)。

当前，教师专业化已成为各国教师教育和师资队伍建设的热点问题。在教师专业化的大背景下，促进教师获得专业发展在学校管理中居于核心地位(杨惠兰，展宁宁，陈京军，等，2015)。教师专业化必须由“传递知识”的专业化向“培养人”的专业化转型，使教师成为“转识成慧”的专业工作者(张学敏，张翔，2011)。可见，教师专业化的呼声和要求越来越高。

(二)班主任教师的专业化

教师专业化主要涉及两个重要专业领域：教学工作和班主任工作。与教学工作专业化一样，班主任工作专业化也是教师专业化的重要组成部分。明确班主任教师专业化与教学教师专业化的关系，并重新审视班主任教师专业化的价值，有助于实现这种认识转型，确立班主任教师专业化的地位，有助于更好地实现“培养人”“培养学生全面发展”的学校教育目的。

班主任工作是教师工作的重要组成部分。班主任教师专业化的演进过程，也经历着从一种非职业或非专业发展为一种专业的演进过程。班主任教师专业化发展意味着班主任工作不断发展为专业，意味着班主任教师在班级及学生管理专业领域不断培养专业理念、专业知识和专业能力，不断提升专业素质而获得成熟发展。班主任教师的专业发展往往经历着从新手班主任走向专家型班主任的专业发展过程。

当前，我国教育主管部门已经制定《中学教师专业标准(试行)》和《小学教师专业标准(试行)》，为中小学教师专业地位的确立提供了政策依据和保障，对促进教师专业化发展具有重要的战略意义。

但是，中小学教师专业标准中的“教师”并没有明确是从事教学工作的教师还是从事班主任工作的教师，而是把教学工作与班主任工作融合在一起，以综合阐明教师的专业标准。

虽然班主任工作与教学工作有所兼容，但是两者本质上具有不同的性质和内容，分属不同的专业领域，因此，对于中小学教师而言，为了更好地实现教师专业化，有必要在当前的教师专业标准基础上，进一步修订完善，分别建立“教学教师专业标准”和“班主任教师专业标准”，以准确地指导教师的课堂教学工作和班级及学生管理工作。

制定班主任教师专业标准对中小学班主任教师的班级及学生管理工作具有重要的规范作用，对中小学班主任岗位管理具有重要的指导作用，对树立班主任教师的专业地位具有重要的保障作用。

教师专业化并不局限于教学工作，基于教师的两种重要专业责任，它既涉及从事教学工作教师的专业发展，也涉及从事班主任工作教师的专业发展。

随着教师专业化的不断完善，班主任教师专业化的过程也是一个在特定社会、文化和历史脉络中不断进行建构的过程。那么，班主任作为我国开展班级授课制的特色产物，重新审视我国中小学教师的专业化，其内涵不仅包括从事教学工作的教师专业特征的确立，也包括从事班主任工作的教师专业特征的确立。

班主任教师专业化就是班主任工作不断发展成熟，演变为一种专业的过程。班主任教师作为专业人员应具备相应制度化的专业素养。班主任教师应当成为具有专业知识、专业技能、专业道德的专业工作者(黄正平，2008)。就班主任工作而言，班主任教师专业化的实质在于班级及学生管理工作的专业化，即班主任工作不断建立专业标准并获得社会专业地位，不断发展为独特的、有效的、不可替代的专业。

第六章

班主任教师专业化的管理挑战

教师专业化是学校教育管理改进的重要内容。与教师专业化相结合的学校人事管理，能够将教师个人专业发展和学校运行目标有机地结合起来，真正实现科学管理，符合现代人力资源管理的发展趋势(王晓平，杨鸿，2005)。

班主任教师是学校教师队伍的重要成员。班主任教师专业化作为教师专业化的重要组成部分，也面临着一些必要的人力资源管理改革问题。这些管理改革问题对学校及教育管理机制和制度都提出了挑战。中小学班主任教师专业化需要社会及教育领域的充分认可，需要学校管理层及教育主管部门的足够重视，也需要班主任教师不断努力提升自身的专业素养。

从教育管理视角来看，班主任教师专业化和教师人事制度改革必须有机结合起来，把班主任教师专业化作为学校人力资源管理的重要内容。在中小学校，针对班主任专业工作，建立相应的专业标准、资格准入、职务评聘与职称晋升、绩效考核、岗位津贴与薪酬等方面的管理制度，都是班主任教师专业化的有力支撑和保障。建立班主任教师专业化的人力资源管理制度是对班主任工作专业价值的认可和重视。

班主任工作专业化对班主任教师的专业发展和班级学生健康成长意义重大，并在学校管理中越来越受到关注。班主任教师专业化旨在把班级学生管理工作视为一种专业，提升班主任教师的专业素养和专业地位，使班主任教师的工作更具有专业性。为了适应班主任教师专业化发展的需求，班主任教师管理需要做出相应的改革与创新。

一、制定班主任教师的专业标准

(一)专业标准的意义

制定专业标准是一种工作或职业发展为专业的重要标志。专业标准由专业主管部门或机构组织相关人员，基于科学论证并与实践经验紧密结合而制定并颁布。它是在该专业领域和相应社会范围内衡量从业者专业行为的统一规定，是从业者共同遵守的基本行为准则。

一般来说，教师专业化探索的主要方式是：从理论上界定什么是专业，给出衡量专业的标准，然后对于教师职业所具备的专业条件的情况进行理论性、实证性的探讨(钟启泉，2001)。班主任工作专业化及班主任教师成为专业人士，都需要明确制定班主任教师的专业标准。

(二)制定班主任教师专业标准的意义

我国目前没有明确的班主任教师专业标准，一些关于教师的专业标准也没有明确区分教师的班主任工作与教学工作。教育部2012年颁布了《小学教师专业标准(试行)》和《中学教师专业标准(试行)》，其中涉及班主任工作与教学工作的相关规定，这两方面的教师工作被综合看待。

然而，个性化的教师管理是对教师专业发展差异性的尊重，是“以人为本”的体现。更为关键的是，班主任教师工作与教学工作具有不同的专业性质。因此，教师人事管理有必要专门针对班主任教师制定具体的、可操作的专业标准，并以此作为班主任教师职业资格认证的依据，建立班主任教师资格证制度。

教师作为专业人员，通过证书制度证明了自己有教学专门知识和能力后，才受雇于国家，获得国家授予的教育(控制)权力(郑新蓉，2005)。班主任教师专业化也应如此，应有专门的资格制度对其班级及学生管理素养进行认证。教师从事班主任工作需要经历专业的学习与训练，获得班主任教师从业资格，才能持证上岗。

班主任专业化需要从专业层面分析班级学生管理工作，分析班主任教师的教育与管理素养，形成操作性较强的专业标准。班主任专业标准可以为班主任教师提供发展的价值坐标，引导班主任追求深层次的教育文化自觉，培养更宽阔的教育视野，形成更丰厚的文化底蕴，进而实现对班主任工作的人性超越，在充满人文意蕴的班级活动中与学生同构共生(李琳，陈芳，王媛，等，2012)。

对于班主任教师的专业标准，本书第七章“班主任教师专业标准”专门进行了详细阐述和讨论。

二、设置班主任教师的专职岗位

(一)班主任岗位设置及职责

在组织管理中，岗位是由专人职守的职务或职位，是职务或职位的具体表现形式。岗位有其具体的技术标准、操作规范及专业职责等。岗位设置是为从事相应工作的专业人员设置相应的专业工作领域或场所。

在我国以班级授课制为基本组织形式的中小学校，学校管理部门为班主任教师工作设置了班主任岗位。2006 年《教育部关于进一步加强中小学班主任工作的意见》明确指出“班主任岗位是具有较高素质和人格要求的重要专业性岗位”。

中小学班主任岗位的基本职责是：基于我国学校教育目的——培养学生德、智、体、美、劳等全面发展的基本要求，开展班集体活动，管理和指导班级学生，为把学生培养成有理想、有道德、有文化、有纪律、身心健康的人才尽一份责任。

具体而言，班主任教师的岗位职责主要如下。

1. 了解班级学生情况

了解学生看似简单，但实属一项非常复杂又繁重的工作。班主任工作需要充分了解学生，这是班主任教师开展班级教育活动的前提。充分了解学生的特点有助于班主任教师做到因材施教，而充分了解班级的特点有助于班主任教师做到因材施“管”。

如果班主任教师不了解学生，就可能难以采取恰当、适合的教育与管理策略或方式，学生教育和班级管理就可能变得盲目而缺乏效率。不充分了解学生的特点，可能让班主任教师的班级管理充满风险，导致教育管理的失误和失败。

充分了解班级每一位学生的特点，对班主任教师来说是一项非常繁杂又艰巨的工作。当班主任教师面对学生人数过多的大班额班级时，充分了解每一位学生的难度更大。但是，了解学生是教育学生的前提，班主任教师要想管理好班级、教育好学生，就必须了解班级的学生，必须充分了解班级学生的共性与个性及其发展的特点和规律。

一方面，班主任教师要全面了解班级学生的一般情况和共同特点，了解学生的基本信息、学业情况、人际关系、思想品德、家庭结构及教育背景等，也要了解学生所在班级的一般组织结构和特点，了解班级学生之间的交往模式和互动机制。另一方面，班主任教师要充分了解班级学生的特殊情况和个性特点，了解每一位学生的个性心理与发展特点，了解每一位学生的兴趣爱好、才能特长、思想品行、特殊的成长经历，以及存在的心理与行为问题等。班主任教师尤其要了解学生的家庭特点。家庭是学生成长的重要影响因素，班主任教师除了要了解学生在学校的学业与行为表现，还要关注学生的家庭教育与成长情况，就学生发展的特点及出现的问题及时与家长通过面谈、书面联系、家长会等各种途径进行交流沟通，使家长对学生的教育与学校协调一致。必要时，班主任教师可以通过家访等途径深入了解学生的家庭生活情况。

学生跳楼只因教师一句训斥吗

有一个八年级学生，因为犯错误受到班主任教师的训斥，于是跳楼自杀了。教师想不明白为什么会这样，觉得自己只是批评这个学生一句“你怎么没有父母教养！”然而学生听了这句话之后，就从教学楼的三楼跳了下去。

这位教师大学一毕业来到学校就担任了七年级一个班级的班主任工作，刚担任班主任教师工作仅一年时间，就遇到如此令人难以置信的事情，让他不知所措，不明白为什么会这样。事后，这位教师表示自己除了批评了那句“很普通”的话之外，没有多批评这个学生一句话，而且教师批评学生的态度并不严厉。在场的一些学生也能证实教师的说法。

当然，教师所言的“批评”，实质上并不是“批评”，而应该是“训斥”。批评的含义很简单，即指出别人的缺乏和不足，而“你怎么没有父母教养”已经超出了批评的含义。但是尽管如此，怎么会导致学生自杀呢？这个学生为什么选择如此过激的行为呢？

真实原因让这位班主任教师意想不到，却也非常简单。因为这个学生不同于其他学生，他从小就失去了父母，是个孤儿，有着坎坷的童年经历。班主任教师的这句看似并不严厉的话语却对这个学生心理产生了巨大的冲击，引发任何人都不愿意看到的悲剧。

那么，学生跳楼的悲剧是教师导致的吗？教师对此是否负有责任？如果有责任，那么教师应负什么样的责任呢？

这位教师的问题在于不了解学生，担任学生所在班级的班主任工作已经有一年时间，却不了解班级中这个学生从小就没有父母的情况。试想，如果班主任教师能充分了解学生的家庭成长背景，了解学生的个性心理特点，并稍微加以沟通引导，那么这个学生就很可能不会走上跳楼自杀的极端道路，教师自己也不至于陷入非常被动的境地。简单而言，如果教师了解学生的这种状况，就不会用那种话语训斥学生，那么学生的跳楼自杀就可以避免。

案例中，这位教师是否有责任呢？

如果把学生在发展过程中出现的问题，尤其是心理问题，比作一个“炸弹”，那么这个“炸弹”的制造者是谁呢？是学生自己吗？当然不是。是班主任教师吗？大多数情况下未必如此。事实上，学生的家庭教育因素往往对这个“炸弹”的制造发挥着关键的作用，家长往往是学生问题“炸弹”的制造者。正如以上案例，不能不说这个学生的心理问题与他早期童年的生活经历有着密切的关系。

这并不是说班主任教师与学生心理问题没有任何关系。在许多情况下，尤其是在处理学生的心理问题时，班主任教师虽然不是这种学生问题“炸弹”的制造者，但是往往充当了“点火人”的角色。“炸弹”被点燃后，学生最容易被“炸”伤，班主任教师也往往被“炸”得灰头土脸。

因此，我们提倡班主任教师在处理学生的发展问题，尤其面对学生问题“炸弹”时，不要做学生问题的“点火人”。如果班主任教师有能力、有条件，可以做学生问题的“灭火人”或“拆弹专家”。

班主任教师对班级学生开展常规教育和管理，或批评教育抑或惩罚学生时，一定要以了解学生的发展特点为前提。如果教师在对学生的身心状态和个性特点缺乏了解的情况下批评教育或惩罚学生，即使教师出于爱心和责任感，其教育方式也冒很大的风险，可能导致不良的教育后果。

比如，有的学生在早期成长经历中形成了极强的自尊心，教师稍加批评就可能使其改正错误行为。如果教师不了解学生的这一特点，对学生施以较重的批评惩戒，结果就有可能适得其反，损害学生的良好发展。

简单地讲，充分了解学生有助于教师站在学生的视角来看待学生，有助于教师感受学生的感受。班主任教师要善于从学生的视角来看待问题，充分地了解学生的发展特点，体验学生的体验，感受学生的感受，换位思考地开展班级教育活动。

因此，班主任教师要积极与学生沟通交流，要充分地听、看、说。

(1)充分地听

班主任教师要充分听取学生的想法、建议和意见，尤其对待与班级建设和学生培养密切相关的事情或问题，要多倾听学生的心声，给学生充分的话语权，充分观察学生的各种行为表现，充分表达对学生的期待，向学生传递积极的教育理念和想法。

(2)充分地看

所谓“听其言，观其行”，班主任教师要充分观察学生在学校各种教育教学及班级活动中的行为表现，有机会也可以观察学生在家庭中的行为表现，观察学生的家庭教养结构与方式。这也是了解学生的状况和获取关于学生信息的重要途径。

(3)充分地说

班主任教师要充分地向学生传达自己的教育教学理念与方式，告诉学生自己的想法。班主任教师需要让学生了解自己的所思所想，而不是“深藏不露”，这样学生才能更好地理解班主任教师的教育教学目标，从而配合班主任教师的班级管理和教育工作。

班主任教师要多渠道、多视角、多方法地了解学生。不仅了解学生的课堂表现，也要了解学生的课外表现；不仅了解学生的品德与行为特点，也要了解学生的个性特征；不仅通过学生本人了解学生，也要通过其他人(如家长、任课教师和其他同学)了解学生。如果教师不了解学生的特点和情况，将增加教育教学及学生管理的盲目性和风险性，甚至可能导致教育管理的失误和失败。

可以说，了解学生是教育好学生的前提。很难想象，不了解学生的教师如何能教育好学生，不了解班级的班主任教师如何能管理好班集体。

2. 组织管理班集体

班主任教师要基于学校教育目的，根据学校教育和管理的具体要求，结合班级学生的实际情况，组织建设班集体，开展班级活动。班主任教师在班级组织管理过程中，与学生一起制定班级建设的目标，建立班级日常行为规范，培养良好的班风和班级文化。

班主任教师需要做与班级管理相关的日常组织工作，具体包括以下六项：①设计和召开常规班会与主题班会等班级学生的专题教育活动。②组织和鼓励班级学生，积极参加学校开展的各种教育活动。③监督班级学生日常行为表现，指导学生遵守中小学生行为守则和行为规范，以及与学校教育相关的规章制度。④建立班级内部的组织结构，组织并指导班级干部工作，与班委会和班干部讨论班级事务，与班级学生一起解决班级问题，促进班集体建设。⑤关心班级学生的身心健康成长，妥善处置班级学生的突发事件或偶发事故。⑥督促学生积极参与课堂教学活动，争取良好的学业成就。

3. 引导学生全面发展

班主任教师要基于班级管理平台，引导学生在德、智、体、美、劳等多方面获得全面发展，这是班主任教师的专业职责。具体主要包括以下五项。

(1)关注德育，重视学生的品德发展

班主任教师要重视培养学生符合班级、学校及社会规范的日常行为习惯，解决学生在发展过程中出现的品德与行为不良问题；努力引导学生形成积极的个性品质和高尚的人格；基于班级活动，加强对学生的法制教育，增强学生法制观念和守法意识，遵守社会规则。

(2)关注智育，重视学生的学业进步

班主任教师要努力协助班级任课教师开展好日常课堂教学活动，协助任课教师监督班级学生的课堂学习与成效，鼓励学生获得学业进步；引导班级学生掌握与学业相关的知识和技能，提高学习能力，开发智慧，促进心智发展。

(3)关注体育，重视学生的身心健康发展

班主任教师要鼓励学生积极参与各种有益于身心健康的体育活动，引导学生积极参加体育锻炼，养成锻炼身体的习惯；引导学生形成良好的卫生习惯、安全习惯和生活习惯，培养学生积极健康的心态和个性。

(4)关注美育，重视培养学生的审美精神

班主任教师在班级管理过程中要重视培养学生认识美、体验美和创造美的审美意识和审美能力；重视培养学生美好的心灵，形成友善的行为；引导学生树立正确的审美价值观，分辨和感受美好的事物，善于明辨真与假、善与恶、美与丑。

(5)关注劳育，重视培养学生的劳动价值观

劳育，即劳动教育。班主任教师要重视组织学生参加学校开展的各种劳动教育活动，培养学生尊重劳动和热爱劳动的意识；引导班级学生正确认识劳动的创造价值，树立正确的劳动观点和劳动态度，养

成劳动习惯；引导学生认识到依靠诚实劳动创造财富和价值的重要性，树立按劳分配的意识，敢于担当。

4. 协调各种教育力量

班主任教师通过班集体建设与管理，引导班级学生获得良好发展。在此过程中，有许多学校内外的重要因素对学生发展发挥着各种各样的作用，需要班主任教师积极予以协调，形成班级建设和学生教育的合力。

(1)协调学校内部教育力量

在学校内部，班主任教师要积极联系班级学生的任课教师，了解学生的学业发展情况。协调班级各任课教师之间的关系，为任课教师的教学工作提供必要的组织服务和支持。同时，班主任教师要与学校管理者及其他相关的教职员工等教育力量经常联系，努力发挥班级与班级之间、学生与学生之间相互促进、相互支持的作用，充分调动学校教育力量，提升对班级学生的教育工作效率。

(2)协调学校外部教育力量

就学校外部而言，班主任教师要积极争取学校周边社区人员参与和支持班级建设活动，尤其要重视与学生家长的沟通与联系，争取家长对班级活动和学校教育工作的参与和支持，调动家长的力量，开展有益于学生发展的班级活动，实现家庭教育与学校教育的相互合作。班主任教师要争取学生家长和社会有关方面对班级活动的支持和帮助，共同做好班级学生的教育工作。

谁来为孩子的问题负责

有一个中学生的家长向我咨询如何解决孩子的网瘾问题。这个孩子经常逃学，去校外网吧，沉迷于网络游戏。家长为了让孩子远离网络游戏，用尽了各种办法。有一段时间，孩子的母亲甚至天天跟着孩子，看着孩子走进学校之后，母亲还要守在学校门口观望一段时间。然而，孩子却偷偷地翻过学校围墙，继续去网吧玩游戏。父母彻底切断了孩子的经济来源，却发现家里的一些贵重东西被孩子“拿”出去卖了，孩子依然能去网吧玩游戏。

通过与孩子家长的沟通，我发现这个孩子的网瘾问题较为严重，这与孩子的父母整天打麻将而对孩子缺乏关爱有着紧密的联系。当孩子出现网瘾问题后，父母又缺乏正确的教育引导方式，常常训斥、打骂孩子。

但是，孩子的父母认为孩子的网瘾问题与自己无关，而是学校的责任，是由于学校教育不到位，尤其是班主任教师对孩子管理不严格造成的。

事实上，班主任教师虽然也积极对这个存在网瘾的孩子加以教育引导，并多次与孩子的父母沟通，反映孩子的网瘾问题，希望家长配合学校予以引导，但是，孩子的家长坚持认为孩子的问题是在学校上学期间去网吧出现的，就应该是班主任教师的责任。

班主任教师对此感到很是无奈，感叹常规的学校管理实在“控制”不住这个孩子的网瘾。那么，孩子出现了这样的问题，到底是谁的责任呢？教师与家长谁应负主要责任呢？

事实上，学校教育与家庭教育对于学生的培养都发挥着非常重要的作用。家庭教育应该主要负责孩子的德育，即家长对孩子的品行发展负有更重要的责任。尤其家庭早期教育对孩子品德发展的影响是学校教育难以替代的。家庭教育深刻地影响着孩子未来的品德发展与行为习惯的养成，也蕴含着孩子心理与人格的健康成长。

虽然在进入学校以后，学生获得良好发展是教师与家长的共同责任，学生发展出了问题，应由教师与家长共同来面对，但是家长对孩子的品行发展仍然负有主要责任，教师对孩子的品行发展负有次要责任。这里的次要责任是相对于家长而言，并不意味着学生在学校的品行培养不重要，也不意味着班主任教师可以忽视学生的品行培养，而是希望明确家长与教师对孩子品行发展的主次责任。

正如在"谁来为孩子的问题负责"案例中所看到的，家庭教育的缺失是孩子出现问题的主要原因，家长疏于关心和教养是孩子形成网瘾的重要因素，家长应该是主要责任人。家长不能一味地认为学生的问题出在学校就是教师的责任，这种看问题的思维方式过于简单化和表面化。它并不利于双方责任的明确，更不利于孩子问题的解决。虽说教师也应关注学生的问题并积极加以引导，但是如果忽视家长的作用而一味地依靠教师，则很难真正解决学生的问题。

同时，相比家庭教育的作用，学校教育应该主要负责学生的智育，教师或班主任教师对学生的学业发展负有主要责任。每位教师都有促进学生良好发展和培养学生成才的责任。班主任教师对学生发展的教育责任是重大的，但这并不意味着教师的责任是无限度的，教师对于学生获得良好发展负有的责任必须是教师职责范围内的。

教师的主要责任在于培养学生获得良好的学业发展，而家长对此负有次要责任。这里的次要责任也是相对于教师而言，并不意味着家庭对孩子的学业发展不重要，也不意味着教师可以忽视学生的品行等全面教育，而是希望明确教师与家长对学生学业发展责任的主次关系。

因此，一般而言，当学生的学业出现问题时，教师为之负主要责任。教师要考虑自身的教育是否存在不足，教育方法是否适合学生等。教师不应把自己主要承担的责任推给家长，比如，有的教师要求家长给学生批改家庭作业，要求家长给孩子讲解和辅导课本中的知识点，要求家长给孩子复习功课，而这些是教师本应承担的责任。教师可以希望或鼓励家长配合学校教育来帮助孩子完成学业，家长也应为孩子学业发展提供力所能及的支持，但是教师不应要求家长这样去做。

从宏观来看，就学生的全面发展而言，教师可以积极地予以促进，但是当前教师的责任有被扩大化的倾向。影响学生发展的许多因素是教师单方面难以控制的，教师对学生发展所应承担的教育责任应是有限度的。明确责任是承担责任的前提，只有明确教师应有的教育责任，教师才可能切实有效地承担起这一教育责任。

在影响学生发展的各种宏观和微观因素中，家长与教师作为具体的教育者，其责任最为重大。家长常常被称为孩子的“第一任教师”，是孩子人生智慧和行为习惯的启蒙者。在孩子进入学校之前，家长对孩子的教化往往具有决定性的意义。当孩子进入学校之后，教师成为其学业发展的主要指导者，同时，家长对孩子的教化作用并没有消失。可以说，家长与教师都对学生的发展起着潜移默化、长远深刻、不可替代的重要作用，不过两者的主要责任有所不同。

然而，在目前教育现实中，教师对学生所负的责任常常被扩大化了。教师代替了家长的一些责任。更为严重的是，学生在学校出现的安全事故、品行问题、心理问题等时常被归咎于教师，教师为此备感压力。于是导致一些学校如惊弓之鸟一般刻意回避，比如，有的学校在学生入校或放假时与家长签订安全协议，让家长保证学生不出事。

长此以往，教师似乎越来越看不清自己的责任，也自觉不自觉地把教师的责任扩大化了，情况就变得更为复杂。比如，有的教师把自己视为学生发展的主宰，当发现学生的品行或学业出现问题“炸弹”时，就误认为是自己教育的责任，而充当了“拆弹人”或“点火人”的角色。如果教师明确自身的责任，教师对于学生的发展做出力所能及的努力，积极寻找家庭教育力量的支持，那么教师面对学生问题“炸弹”时的心态也会平和起来。

教师责任扩大化容易引起教师的逆反和消沉，降低教师的责任感，甚至干扰或弱化教师承担自己本应承担的教育责任。有些教师遇到学生问题，首先考虑的是如何回避责任，以避免许多过度的责任转嫁到自己身上。

目前，家庭教育本应主要承担的孩子品行教育责任在很大程度上转嫁给了学校教育。有些家长甚至把孩子教育的责任全部交给教师，有意或无意地减少甚至放弃自己对孩子的品行教育责任。一旦孩子在学校出了问题，有些家长就来“讨伐”教师，认为教师没有尽到教育孩子的责任。

近年来社会广泛关注的留守儿童和打工子弟学校学生等社会现象就蕴含着家庭教育和社会责任的缺失。在这种情况下，教师不仅对学生承担了学校教育本应主要承担的学业发展的责任，而且实际上也承担了本应由家长主要承担的对孩子品行教养和监护的责任。这无疑使教师承载了更多额外的责任。

当前，社会各界对教师工作有着较高期望，往往强调教师无私奉献和舍己为人地全面履行学生品行与学业教育的责任，而忽视了家长对孩子品行发展的主要责任，忽视了教师的基本权益，忽视了教师“奉献”和“舍己”的限度。

总之，学生获得良好发展需要家庭与学校共同努力，教师与家长都应关注学生的全面发展。教师对学生的学业发展应负主要责任，而家长对孩子的品行发展应负主要责任。

学生的发展受到家庭和学校等诸多因素的作用，这需要家庭和学校相互支持，协同履行各自的责任，以实现学生良好发展的教育目标。教师与家长双方都应当勇于承担各自相应的主要责任，并积极辅助对方履行责任。教师协助家长做好德育，而家长协助教师做好智育，积极寻找解决学生发展问题的有效途径。

(二)班主任岗位的“专职”特点

关于中小学校设置专职的班主任岗位，这里需要重点讨论的不是“岗位”，而是“专职”，即班主任岗位是一种由专业人士作为教育工作者承担的岗位。教师所从事的班主任工作是一种专门的职业，具有专业的独特性、有效性和不可替代性。为了提升班主任教师的专业化程度，学校管理应为班主任教师设置“专职”的岗位，该岗位由班主任教师专岗专任。

基于这种岗位设置的管理理念，在中小学校，教师可以专门从事班主任工作，而并非必须要兼顾教学工作或其他岗位工作。因此，在学校管理层面应设置专职班主任教师岗位承担相应的班级管理工作，而不是从教学教师中选拔教师兼任班主任工作。

教师能不能胜任班主任工作岗位，关键要看其是否具有班主任工作的专业素养和专业资质，要以此作为从事这一重要岗位工作的依据，而不应以其是否从事教学工作为条件或依据。

2009 年，教育部制定了《中小学班主任工作规定》。该文件针对班主任教师的考核指出：“对不能履行班主任职责的，应调离班主任岗位。”这一管理规定意味着有的教师可能不适合或不胜任班主任工作岗位。换言之，不是所有从事教学工作的教师都能胜任班主任工作。

然而，在学校管理现实中，可能存在一种管理悖论或矛盾，即班主任教师往往是从学校的任课教师中选聘的，如果任课教师不承担班主任工作，那么从事课堂教学工作就可能变得非常困难，甚至可能难以继续从事教学工作。因为当前许多地方中小学校的教师聘任、奖励、职称晋升等都与是否担任班主任工作有着密切联系。从事教学工作的教师不担任班主任，就意味着其不能参与学校的评奖、评优、评职称等活动。

如何解决这一管理矛盾？这就需要在学校管理制度中设置专职的班主任岗位，把班主任岗位与教学岗位在学校管理机制上分离开来，两者相对独立，又相互联系。这既有助于体现班主任教师工作的专业性，也有助于体现教学教师工作的专业性。

把班主任工作与教学工作在管理上依据其不同的专业性区分为不同的专业岗位，也有助于人尽其才，提高教师人力资源管理的效率；有助于各司其职，使班主任教师与教学教师以各自的专业素养做好自己专业领域的工作。当然，如果有的教师同时具有班主任和教学专业素质，那么也可以两者兼顾。

因此，中小学教师岗位的管理制度有必要进行适当的改革与创新。针对班主任工作和教学工作，学校管理在制度上有必要设置不同的教师专业技术岗位，比如，专职班主任岗位、专职教学岗位、教学与班主任并重岗位。班主任工作与教学工作可以保持相对独立的专业性，又能相互支持、相辅相成。

比如，一个能胜任班主任工作却不善于教学工作的教师，可以只从事班主任工作岗位，甚至在学校教育条件允许的情况下，担任多个班级的班主任工作，而不必兼顾从事教学工作。一个课堂教学工作表现优秀却不善于从事班主任工作的教师，可以只从事教学工作，而不必承担班主任工作。如果有的教师对于班主任工作和教学工作两者都能胜任，可以从事教学与班主任并重岗位的工作。

提升班主任教师专业化，设置专职的班主任工作岗位，并不意味着班主任工作与教学工作之间的分离或割裂，而是有助于更好地发挥教师人力资源的特点和优势，更加合理、灵活地协调两者。

不过，这种岗位设置对当前中小学教师的班主任工作和教学工作的管理无疑是一个巨大的挑战。

班主任专职岗位是“天方夜谭”？

针对在中小学设置专职的班主任岗位的观点，我们与许多中小学教师和校长进行了沟通与交流。教师和校长们都对班主任工作表现出非常高的关注，但是，对班主任教师专业化及设置专职的班主任岗位的设想却有着截然不同的看法。

许多中小学教师对班主任专职岗位的设想表示支持和欢迎，认为设置专职班主任岗位，有助于提升班主任教师的专业化程度，对班级管理和学生发展意义深远。

许多校长虽然支持班主任教师专业化，但是对设置专职班主任岗位的设想表示并不支持或并不看好。一些校长从学校管理制度的可行性视角也表示质疑，认为设置专职班主任岗位对当前中小学教师管理体制来说，显得有些脱离现实。有的校长质疑：“如果任课教师不当班主任，那么谁来当班主任？”还有的校长非常直接地表示反对，认为这样做“没有意义”“难以实施”，甚至是“天方夜谭”。

对于学校管理者而言，最棘手、最严峻的现实管理问题是：当前班主任教师人数已经非常不足，如果不从从事教学工作的教师队伍中选聘，班主任教师从哪里来？班级管理工作如何开展？

对这些问题的回答，涉及更为广泛的班主任教师专业化，改革并完善班主任教师的聘用与培养、薪酬、考核与评价等方面的管理机制。

班主任专职岗位设置改革可能存在一些管理风险，但是也可能意味着班主任管理机制的创新和升华。如果保持当前的岗位管理机制，不进行班主任专职岗位的管理改革，那么班主任教师的专业地位就难以真正确立，也会影响班主任教师的专业化和专业发展。最为关键的是，当前班主任管理中存在问题，班主任教师的工作动力普遍不足。这都需要不断改进学校管理而得到有效解决。

三、规范班主任教师的聘用与培训体系

（一）班主任教师的聘用

班主任专业化对班主任教师的招聘、选拔及录用等管理机制提出了挑战。在班主任教师入职环节，应选聘具有合格或良好班主任专业素质的教师来担任这一专业工作。

一方面，采用内部招聘。班主任教师的聘用，可以从学校的任课教师中选拔、聘用具有班主任专业素养的教师从事班级管理工作。这也是当前班主任教师选择的主要方式。

另一方面，采用外部招聘。当前班主任教师的聘用并没有建立外部招聘的机制，而外部招聘对于丰富班主任教师来源、提升班主任专业素养显得更为重要。班主任教师可以从高校或专门教育机构培养的相关专业领域人员中进行招聘。选拔和录用那些具有班主任专业素养，具有良好心理学、教育学、管理学等专业背景，对班主任工作有意愿和乐趣，善于与学生和家长进行沟通的专业人员来专门担任班主任教师工作。

（二）班主任教师的培养

班主任教师聘用之后，学校可通过相应的班主任岗位入职培训，帮助其初步胜任这一岗位职责。班主任教师入职以后，学校应结合班级管理的实际情况和问题，进一步做好班主任教师培训工作，保证班

主任教师的常规进修，不断完善班主任教师的专业素养。

对此，一些教育发展水平较高的发达国家较为注重教师专业化，其教师专业成长和培养思路对我国班主任教师专业化及其专业成长具有借鉴意义。比如，德国大学的教师教育与培养过程中十分重视教师专业化，准备担任中小学教师的大学生在结束大学学习后，还要进入专门的教师教育与培训机构接受两年左右的专门学习和训练，才能获得教师资格。只有接受完整教师教育的大学生才能走上教师岗位(祝怀新，潘慧萍，2004)。

针对班主任教师的培养，有观点认为，我国班主任教师的专业价值发展应向师范教育和职业生涯延伸。在师范教育中，开设“班主任工作”等课程，强化实习和训练；在职业生涯中，学校教育行政部门把开阔班主任视野、提升其工作境界、升华其专业情怀纳入日常工作(夏海鹰，2014)。

促进班主任教师专业成长的路径和方法是丰富多样的。比如，有研究指出，班主任教师就班级管理和学生教育问题进行经验交流讨论和深入研究的“班主任工作坊”是提升班主任专业素养的有效路径，其基本原则是引导班主任教师能够在参与性、操作性、体验性相对较强的环境中参加培训和学习，促使理论能够真正与实践相结合(朱湘妹，2015)。

四、完善班主任教师的薪酬制度

(一)班主任薪酬的意义

公平合理的薪酬待遇是班主任教师专业工作的回报，也是维护班主任教师继续从事自身工作的基本保障。优厚的薪酬待遇也有助于吸引社会优秀人才加入教师队伍，有助于促进教师专业发展，提升教师工作的专业化水平。

有研究针对教师专业发展，探讨法国教师的薪酬待遇对促进其教师专业化的积极意义。研究指出，教师只要与教育单位签订服务合同，从进入师范院校学习开始就可以享受相应的工资待遇，收入有保障并且福利待遇优厚。对比而言，目前我国教师待遇偏低，制约着教师专业化，是阻碍更多优秀人才从事教师职业的原因之一(任淼，2013)。

对于班主任教师而言，公平合理的薪酬待遇(含岗位津贴)是其积极从事班主任专业工作的重要保障，对其提升自身专业素养、获得专业发展具有重要的意义。

教育主管部门和学校管理部门需要设计和制定专门的班主任教师工作岗位薪酬体系，设定最低班主任工作岗位津贴标准，并建立相对独立的班主任教师薪酬工资制度。这无疑对班主任制度和薪酬管理机制提出了挑战，需要对班主任专职岗位、教学专职岗位以及班主任与教学并重岗位的薪酬制度进行全面的重新设计。

(二)提高班主任岗位津贴

当前，许多中小学校的班主任岗位津贴不高，有的地方的班主任教师表示，自己学校的班主任教师的岗位津贴每月只有几十元甚至十几元。这与复杂而繁重的中小学班主任教师专业特征并不相称，不是对班主任教师的专业劳动付出的合理回报。这也是导致一些教师从事班主任工作动力不足的一个重要管理因素。

因此，中小学校为了稳定班主任教师队伍，提升班级管理成效，需要大幅度提高班主任教师的岗位津贴，从薪酬管理制度上体现班主任教师的工作价值和专业地位，进而提升教师从事班主任工作的意愿和兴趣，改善班主任教师的工作状态。

对于能同时承担并胜任教学工作和班主任工作的教师，或者有的班主任教师能同时担任并胜任多个班级的管理工作，这样的教师应该获得更高的岗位津贴或薪酬奖励。这也是当前教师绩效工作改革提倡的“多劳多得、优绩优酬”的体现。

当然，基于赫兹伯格(Fredrick Herzberg)提出的“激励—保健”双因素理论，薪酬属于保健因素，这种因素有助于消除员工的不满情绪，也可以预防员工因为不满而造成的工作损失，但可能难以调动员工的工作积极性，而激励因素多来自员工内在发展需求、工作的挑战性、工作的乐趣和成就感、对自我实现的追求等，改善激励因素有助于激发员工的工作积极性和热情，进而提高工作效率。

薪酬作为一种保健因素是员工完成工作的基本条件，虽然它们不能像激励因素那样激发员工的工作积极性，但是，薪酬过低或得不到满足会使员工产生不满情绪而应付工作，直接导致工作效率下降。

因此，就班主任工作而言，提高班主任教师的岗位津贴或整体薪酬，并制定合理的薪酬分配方案，对维护和支持班主任工作具有重要作用，这有助于降低班主任教师对工作的不满情绪和消除其应付心态。

五、改革班主任教师的考评与激励机制

(一)改革班主任教师的职称评定与考核机制

当前，我国中小学校没有专门的班主任教师的职称评定机制。虽然学校以教学工作为核心，建立了中小学教师职称评定制度，但是这种职称评定并不适合专门从事班主任工作的教师。

2015年，人力资源社会保障部和教育部共同颁布的《关于深化中小学教师职称制度改革的指导意见》强调，教师的职称评定要注重教育教学工作业绩，注重教育教学方法，注重教育教学一线实践经历，可见教师的职称评定与其教育教学工作紧密结合。但是，该文件对班主

任教师的教育职责并没有加以明确，这意味着如果教师不从事教学工作而专职担任班主任工作，就可能难以参与职称评定与考核。

因此，根据班主任教师的专业化特性，教育及人事管理部门有必要探讨班主任教师的职称评定与考核机制，为作为专业人士的班主任教师专门设置相应的职称制度，针对班主任教师工作建立相应的职称等级，从而更好地增强班主任教师的工作动力。

或者，针对班主任教师工作，取消职称评定制度。换言之，班主任教师不参与当前主要针对教学教师制定的职称评定，而为班主任教师设置相应的考核评价体系，以代替职称评定机制。比如，以班主任教师的班级管理工作表现、班级文化和特色建设、班主任教师的岗位工作年限等，来考核班主任教师的工作绩效，其核心目的在于提升班主任教师的工作动力，促进全体班主任教师的专业发展。

这些关于班主任教师的职称评定与考核机制改革，都对现有的学校管理及教师人事管理机制提出了较大的挑战。

(二)完善班主任教师的激励机制

无论如何，当前中小学教师缺乏从事班主任工作的意愿和兴趣，这种消极的职业心态亟待改善。学校管理不可回避地需要改进班主任教师的管理体制和运行机制。随着当前基础教育管理及教师人事制度的不断改革与创新，学校管理需要迎接班主任专业化的挑战，使班主任教师专业发展不断获得升华。迎接这些管理挑战虽然可能遇到一些阻碍和风险，但对班主任教师和学校管理而言，也可能蕴含着极大的发展机遇。

在我国教育战略规划中，“百年大计”最终定位为“教师为本”，教师工作对社会发展和国家建设具有无可比拟的重要作用。当前中小学班主任教师的职业心理状态仍然值得社会各界关注和反思，许多班主任教师的工作状态和职业心态并不令人乐观，班主任教师工作倦怠的情况在许多中小学校仍然存在。特别是农村地区、经济欠发达地区的城市中小学班主任教师工作满意度不高和缺乏职业幸福感的情况并不少见。因此，就提升班主任教师工作质量和促进班主任教师专业发展而言，如果学校管理层迎接班主任教师专业化的挑战，积极尝试改进班主任教师的管理机制，将可能给班主任教师工作带来无限活力和动力，给学校教育发展与教师管理改进带来无限生机和创新，最根本的受益者将是班级学生。

当前，班主任教师管理在许多方面都面临着较为复杂的问题。对班主任教师有效管理的关键在于改进管理理念和策略，调动教师从事班主任工作的积极性，激发班主任教师开展班级管理和学生教育工作的内在动力，基于班主任教师专业发展的特征和需求，深化学校管理对促进班主任教师专业发展的服务职能，让班主任教师专业工作回归其促进班级学生发展的本质，让学校教育回归其“塑造人”“培养人”的本质，这也是促进班主任教师专业化的根本追求。

学校管理层要不断完善班主任教师工作的激励机制，具体而言，主要包括以下三方面。

1. 引导班主任教师设置明确的目标

学校管理层要结合班主任教师的工作特点和专业能力，协助班主任教师明确班级管理的具体目标，明确自身专业发展的可操作性目标，明确班级管理目标与专业发展目标、学校教育目标之间的关系。据此，设计相应的班主任工作评价指标体系，激励班主任教师努力工作。

2. 关注班主任教师的发展需要

学校管理层要注重班主任教师的工作意愿，激发其内在发展需求，建设学校文化，形成良好的人际合作与互助关系，尊重班主任教师的工作价值，鼓励班主任教师在班级管理过程中提升专业素养并获得专业发展。尤其要关注和满足班主任教师的自主发展和自我实现需要。

3. 提升班主任教师的工作动力

学校管理层要明确班主任工作的社会责任和地位，重视班主任工作的挑战性和创新性，引导班主任教师在班级管理过程中体验责任感、获得专业成就感，提升教师从事班主任工作的兴趣和乐趣，从而激发班主任教师的工作积极性和工作热情，提高班级管理的工作效率。

不以考试成绩作为评价教师的唯一标准？

对班主任教师的评价标准是班主任工作考评的重要内容。班主任教师工作考核与评价改革是当前中小学教育管理改革的重要组成部分。有效的班主任工作评价对班主任教师的班级管理和学生教育工作具有导向、监督、激励和引领发展的作用。

当前我国许多中小学校“应试”教育仍然盛行，教师课上得好不好，以学生的考试成绩作为评价的唯一标准；班主任教师对班级管理得好不好，以班级学生的考试成绩作为评价的唯一标准。一些地方的学校管理层仍然以学生考试成绩为唯一标准对教师工作进行评价。

因此，为了改变这种以考试成绩为本的不合理的教育现状，积极推进素质教育，一些地方教育主管部门和学校管理机构针对教师工作考评管理，明确规定：“不以考试成绩作为评价教师的唯一标准。”这种看似向“应试”教育提出挑战的管理规定一经颁布，就得到众多学校教育者和研究者的好评和称赞。

但是，此种教师工作考评规定是否合理，是否有助于激励教师更好地工作与发展，仍然值得商榷。

1.“唯一”与“主要”的辨析

《现代汉语词典(第 7 版)》中，“唯一”的解释为“只有一个的；

独一无二的”，而“主要”的解释为“有关事物中最重要的；起决定作用的”。从概念界定可以看出，如果学校的教师工作评价不以考试成绩作为评价教师的“唯一”标准，那么只需要增加一种或多种评价标准，不必考虑学生的考试成绩在教师工作评价中所占的比重，就很容易符合此种管理规定。

这种教师工作评价标准仅仅从表现上和形式上丰富了教师评价指标，很容易给人们造成学校管理层大力开展素质教育的错觉，但实际上并没有改变基本依靠考试成绩来评价教师工作的实质。举个简单例子，如果学校的教师工作评价机制中，“考试成绩”占99%，而其他1%随便确定一个指标，那么这样的评价机制就很容易符合“不以学生的考试成绩作为评价教师的唯一标准”，但其实质仍然是“应试”教育。

以学生的考试成绩作为评价教师的唯一标准，可能导致更为隐蔽的“应试”教育。这会带来非常大的弊病，不仅难以解决学校片面追求分数和升学率的问题，也给教师专业素养提升带来极大阻碍。许多教师对这种以学生的考试成绩为本的评价机制感到畏惧和反感，但又身陷其中，难以解脱。

因此，“唯一”应改为“主要”。学校管理层不应提倡“不以考试成绩作为评价教师的唯一标准”，而应提倡“不以考试成绩作为评价教师的主要标准”。这样就有效避免了对素质教育的误导，并有助于学校管理层从多维度全方面客观合理地对教师工作进行评价，也能更好地实现弱化“应试”教育、提倡素质教育的初衷。

2. 不以考试成绩作为“主要”标准

不以考试成绩作为评价教师的主要标准，这种观点引发争议的关键问题在于，考试成绩到底是不是评价教师的主要标准。事实上，一些教育研究者和学校管理者都认为学生的考试成绩应该是评价教师的主要标准，因此不以考试成绩作为评价教师的主要标准的管理规定，在学校推广和实施中往往遇到重重困难。

从我国教育方针和教育目的来看，学校教育旨在培养学生良好发展。教师作为学生的教育者，其工作评价要考虑学生的学业成就和各方面发展的表现。但是，在“应试”教育依然存在的背景下，许多中小学校的学生学业成就和综合发展被简单异化为考试成绩或分数，学生的考试成绩成了评价教师的“主要”甚至“唯一”的指标。有的学校甚至以学生的考试成绩对教师进行“排名次”和“算绩效”。

这些现象的存在并不合理，教育的主要目的是引导学生健康而又全面地发展。教师劳动具有复杂、长效的特点，其工作效果难以直接体现在学生的一两次考试上(田爱丽，张晓峰，2004)。学校教育旨在促进学生发展，学校教育质量不仅仅体现为学生的考试成绩，学生高尚道德品质的发展、良好个性的形成以及能力的培养等都是学校教育不可忽视的重要目标(王景英，梁红梅，2002)。教师在这些方面所起的作用同样不容忽视。

因此，学校管理层应该通过多种途径，从不同层面来对学生进行综合评定。比如，学生平时表现、进步状况、课外活动、社会实践能力，以及学生的遗传特点、家庭社会经济状况等方面，学校都应予以关注，进而形成针对教师工作的评价标准，避免简单依靠考试成绩进行教师工作评价的弊端。

3. 以综合评价作为教师评价的重要标准

教师评价是评价者依据一定的评价标准和程序，采取多种方法收集评价资料，对教师个人的资格、能力及表现进行价值判断的过程(周成海，靳涌韬，2007)。教师评价采用的评价方法和评价标准是否适当，会对评价结果产生较大的影响，对教师发展产生深远的影响。

当前我国教师评价体系仍然存在“唯分数论”的情况，使学生身陷“应试”的旋涡，也不利于提升教师专业发展水平。仅仅以学生考试成绩来评价教师工作的好坏，会降低教师的自我效能感，并导致教师教学热情下降。学生的考试成绩与教师的教育水平不能等同。教师的教育教学成果并不只表现在学生考试成绩上，许多重要的教育成果如积极的学习态度、良好的行为习惯，都是学生良好发展和教师有效教育的重要指标。

教育主管部门与学校教育机构应把学生的学业考试成绩作为评价教师的重要标准，但不是主要标准；关注学生的学业进步与成就，重视通过改进学校教育和管理来提升学生的学业成绩，而不是主要或单纯依靠学业成绩对教师的工作质量及专业素养进行认定。

第七章

班主任教师专业标准

在中小学校管理机制中，建立班主任教师专业标准，为班主任教师提供基本的行为准则，是班主任工作专业化的重要标志。

从政策制度层面而言，国家主管部门制定体系较为完善的班主任教师专业标准，对中小学班主任教师专业素养提出基本要求，有助于明确班主任教师专业发展的基本行为准则，有助于落实班级管理及学生教育的基本规范，有助于学校科学合理地开展有关班主任教师的培养、选拔、培训、考核等管理工作。

社会教育机构对班主任教师的教育和培养，学校管理层对班主任教师的选拔、培训和考核等管理环节，以及班主任教师自身对班级及学生的教育管理，都要以班主任教师专业标准作为重要依据。教师除了应具有良好胜任班主任工作的理念、知识和能力等重要因素外，还应具有从事班主任工作的基本意愿和兴趣，这是学校选拔班主任教师要考虑的基础因素。选拔有意愿和兴趣从事班主任工作的教师，既是对班主任教师工作的尊重，也有助于班主任教师工作潜能的开发。

一、班主任教师专业标准的内涵与意义

专业标准是衡量专业发展是否成熟完善的重要指标之一。研究和制定班主任教师专业标准是其专业发展的必然要求，有助于明确班主任教师的基本专业素养要求，也有助于引导、提升班主任教师的专业发展，在专业理念、专业知识和专业能力等方面为班主任教师专业发

展提供依据。

(一)专业标准的内涵

专业标准是由相关专业的管理或组织机构制定的该专业从业者共同遵守的该专业领域的概念、知识、技术和理论等方面的统一要求和规定。专业标准是从业者实施专业活动的基本准则和依据。

教师专业标准是教育主管部门对教师工作的基本专业要求，是教师实施教育教学专业领域的行为与活动的基本规范，是引领教师专业发展的基本准则，也是教师教育与培养、教师准入与招聘、教师培训与开发、教师考核与激励等专业工作的重要依据。中小学教师作为实施学校教育职责的专业人员，基于教师专业标准，形成专业理念、专业知识和专业能力等专业素养，开展专业工作。

就班主任工作而言，我国班主任教师专业标准也应是基于国家法律法规和教育方针政策，由教育主管部门针对班主任工作的专业理念、专业知识和专业能力等专业素养方面制定的统一、宏观的要求和规范。它是指导各级各类中小学班主任教师开展班级管理和学生教育工作的基本准则。

(二)制定专业标准的意义

班主任教师专业标准是中小学班主任教师队伍建设的基本依据。制定班主任教师专业标准具有重要价值，对学校班主任教师的专业化、专业发展及其有效管理都发挥着重要的引领和导向作用。

1. 有助于国家政策层面明确班主任专业地位

专业标准是一种工作或职业成为专业的重要标志。教育部制定班主任教师专业标准，各地教育部门及学校进一步落实并践行班主任教师专业标准，意味着国家政策层面对班主任教师专业性的重视，意味着对其专业地位的确立。

2. 有助于学校教育主管部门完善班主任制度

制定班主任教师专业标准有助于学校及教育主管部门根据学校教育发展与改革的需要，建立班主任教师人力资源管理和人才质量保障体系，提高班主任教师培养与培训质量，制定班主任教师选拔和招聘的准入标准，完善班主任教师队伍规划、聘任、培训、绩效、薪酬等管理制度。

3. 有助于教师教育机构完善班主任培养

制定班主任教师专业标准有助于从事教师教育或培养的大学院校及相关教育机构有理有据地开展班主任教师培养工作，聚焦班主任教师的专业内涵和表现，提升班主任教师的专业素养，加强班主任教师的专业化建设，完善班主任教师的培养与教学方案，科学设置班主任教师培养的课程体系，加强班主任教师队伍建设，建立合理的班主任工作培养与质量评价机制。

4. 有助于中小学校完善班主任管理

班主任教师专业标准是中小学校管理班主任教师及班主任教师开展班级管理工作的重要依据。制定班主任教师专业标准有助于中小学校制定班主任教师专业发展规划，提升班主任教师的专业理念、专业知识与专业能力，增强班主任教师班级管理及育人的责任感与使命感，完善班主任教师岗位职责和考核评价管理机制，促进班主任教师专业成长。

5. 有助于班主任教师自身完善班主任工作

班主任教师专业标准是班主任教师自身不断努力提升专业素养的基本依据。它有助于班主任教师根据此标准积极制定个人专业发展规划，不断努力完善班主任工作应具有的专业理念、知识和能力，积极进行班主任工作的自我反思与自我评价，主动参加班主任教师的培训、研修和交流活动，自主开展班级管理及学生发展的教育科研活动，进一步规范地、有效地开展班级管理活动。

二、教师专业标准与职业道德的辨析

(一)两者概念内涵不同

以往关于教师职业道德的概念内涵界定，经常存在把教师的“道德行为”与“专业行为”混淆的问题。一些本应属于教师专业范畴的教育行为，并不涉及道德范畴，却被解释为职业道德。

比如，教育部 2008 年修订颁布的《中小学教师职业道德规范》对“教书育人”的具体要求包括：“遵循教育规律，实施素质教育。循循善诱，诲人不倦，因材施教。培养学生良好品行，激发学生创新精神，促进学生全面发展。不以分数作为评价学生的唯一标准。”其中，有些内容并不简单属于职业道德层面的问题，而更是教师专业发展层面的问题。

形象地说，教师专业标准属于“法”的范畴，它是对班主任教师专业行为的依“法”的、强制的规定。制定教师专业标准是依法治校、依法管理的体现。而教师职业道德属于“德”的范畴，是对教师良好教育行为的提倡和呼吁。

然而，专业领域中的“道德”与“法制”在教师的学生教育和管理中时常混为一谈。诸如教师虐待、体罚、辱骂学生等所谓的师德行为问题，实质上都已经不是停留在教师职业道德层面的问题，而是升级为法律问题，已经涉嫌违法。

比如，媒体报道某学校有一位教师违背师德而虐待学生的事件，表面上看是教师的职业道德问题，而实质上是违反法律的问题，虐待学生的行为已经涉嫌违法。同时，它也可能反映出教师的专业发展问题，即可能意味着这样的教师存在较为严重的职业心理问题或专业理念、专业能力问题。

教育部制定了《中小学教师职业道德规范》，并进一步制定了《中学教师专业标准(试行)》《小学教师专业标准(试行)》。这不仅从道德层面约束教师的职业行为，更从“法制”层面规范了教师的专业行为，这是中小学教师管理机制和学校教育管理机制的进步。制定教师专业标准，更是学校教师依“法”管理、依“法”发展的制度保障。法律是基准的道德，教师专业标准比职业道德更有益于促进教师的专业发展，提升教师的工作绩效。

因此，对于班主任教师而言，教育部门不仅要关注对班主任教师职业道德层面的约束，更要关注制定中小学班主任教师的专业标准。这有助于学校依“法”管理班主任教师，班主任教师也可以依“法”管理班级，依“法”获得专业发展。

当前，我国在国家层面强调依法治国，非常重视建立健全法制。学校管理层也应注重依法治校、依法管理。教育管理部门应注重制定和完善班主任教师专业标准，以专业标准作为管理的基本准则和依据，提高班主任教师班级管理的专业水平。

(二)两者对教师约束力度不同

师德可以由他人评价吗？教师的职业道德合格或优秀与否，是否可以由他人来评价，这是个值得深入思考的问题。换言之，一部分人是否可以用道德标准来约束另一部分人。比如，有一位教师出现职业道德问题，如果其他教师无法保证或证明自己不会出现这样的职业道德问题，那么就难以批判或谴责职业道德出现问题的教师。教师职业道德由于其客观评价的难度较大，而对教师职业缺乏有效的约束力。

而且，教师职业道德评价具有极强的社会赞许性。人们在道德认识层面往往有着基本的真与假、善与恶、美与丑的判断，而社会提倡的是“真、善、美”等价值判断。人们虽然追求道德上的知行合一，但是出于各种原因，认知层面更倾向于接受“真、善、美”，而在行为层面的表现可能与其道德认知并不相同。

由此可见，教师职业道德难以衡量与评价，而教师专业标准则清晰、明确，易于评价。因此，教师专业标准比教师职业道德更具有可操作性。在班主任教师的管理机制上，以教师专业标准来评价和考核教师更具有现实意义，有助于在操作层面提升教师的专业发展水平。

简言之，教师的职业道德往往需要教师自我规范和自我约束，而外界管理对教师往往缺乏道德层面的约束力，更缺乏强制性。教师专业标准是从业者共同的行为准则，它对每一位教师的专业表现有着较大的强制性和约束力。教师专业标准使教师管理体现出“法制”层面的特征，对教师职业行为具有强制规范的作用。比如，教师体罚学生的行为表现，不仅是教师职业道德问题，更主要是教师专业素养问题，甚至可能涉及教师违法问题。

三、班主任教师专业标准的基本理念

班主任教师是我国中小学校班级授课制这一教育教学组织形式及其相关教育管理的特色产物。班主任工作具有非常强的专业性，班主任教师拥有这种专业性就成为专业人士。

但是，在社会以及教育管理的一些领域，却并没有充分赋予班主任教师合理的、应有的专业地位。班主任教师在开展班级管理活动、处理班级学生问题、与学生家长沟通交流等事务中，仍然时常不被视为权威人士，缺乏专业权威，甚至有时得不到基本的尊重和理解。这其中有学校教育管理的责任，也有班主任教师自身的原因。

从管理视角来看，当前许多地方的学校教育管理部门仍然缺乏专门针对班主任教师人力资源的选拔招聘机制，学校也没有设置专职的、相对独立的班主任教师工作岗位，国家和地方教育管理层面更未制定规范的中小学班主任教师专业标准。

从班主任教师自身而言，班主任教师需要进一步提升专业素质，努力达到班主任教师专业标准的要求，并以符合专业标准的理念和方式来管理班级学生。这也有助于班主任教师获得专业地位、专业权威和社会尊重。

班主任教师专业标准是学校有效管理班主任教师的依据，也是班主任教师开展班级管理工作的依据。制定专业标准有助于促进班主任教师专业成长，有助于培养高素质的班主任教师专业队伍。

班主任教师是履行学生及班级管理工作职责的专业人士。班主任需要通过符合专业标准的培养与训练，形成良好的班主任专业理念、专业知识、专业技能和专业能力。班主任教师专业标准是对其专业素质的基本要求，是班主任教师开展学生及班级教育活动的基本规范。

制定班主任教师专业标准要遵循以下基本理念。

（一）意愿和兴趣为先

班主任教师专业标准要充分考虑教师从事班主任工作的意愿和兴趣，并以此作为管理和评价班主任教师工作的基本依据。有工作意愿体现着班主任教师的积极态度，有工作兴趣意味着班主任教师的内在动力，它们对从事班主任工作具有驱动作用。

学校管理层如果忽视班主任教师工作的内在动力，而要求或安排一些动力不足的教师担任班主任工作，并用专业标准对班主任教师加以评价和管理，那么这样的班主任教师的班级管理和学生教育工作很可能难以取得成效。

（二）兼顾教师职业道德

班主任教师专业标准的制定不能与教师职业道德相违背，要符合《中小学教师职业道德规范》的基本理念。中小学班主任教师要热爱教育事业，热爱班主任工作，遵守教师职业道德规范。在班级管理过程中，了解学生特点，尊重学生人格，对学生发展有爱心和责任感，对待学生发展过程中出现的问题有耐心和韧性；通过有效的班级管理，指导和帮助学生健康成长。

（三）班级与学生发展为本

班主任教师工作的根本目的在于做好班级管理，促进学生良好发展。班主任教师专业标准的制定要以实现这一根本目的为本。班主任教师在班级管理过程中，要充分了解学生的发展特点，遵循学生身心发展规律和教育管理规律，尊重学生的人格和权益，关注学生良好行为习惯及品德培养，促进学生全面而有个性地发展。

（四）全面关注专业素养

班主任教师专业标准是对其专业素养的全面解释和规范。班主任教师专业标准要对专业素养的具体内容做出充分说明，把班级管理和学生教育的理论与班级学生教育实践相结合，实现对班主任教师专业活动的全面指导和引领。因此，班主任教师专业标准要全面关注班主任教师专业理念、专业知识和专业能力等各方面专业素养的形成。

（五）提倡可持续专业发展

班主任教师的专业素养是一种动态的结构，随着班级与学生的发展而不断变化。班主任教师专业标准的制定要考虑其专业素养动态变化的特点，提倡班主任教师在职前与职后、在班级管理的过程中，不断学习班级管理与学生教育相关的教育理论，不断更新班级管理与教育理念，优化与班主任工作相关的科学知识与技能，充分了解其他班主任教师的班级管理经验，积极探索解决学生发展问题的有效方法和途径，全面充实班主任教师的专业素养和综合文化素养，实现可持续专业发展。

四、班主任教师专业标准的基本内容

班主任教师专业标准是确立班主任教师专业地位和评价班主任教师专业素养的重要依据。我国中小学班主任教师专业标准的基本内容仍有待积极探索和创新。

本书探讨班主任教师的专业标准，以教育部制定颁布的《中学教师专业标准(试行)》和《小学教师专业标准(试行)》的基本结构和维度作为参照，尝试初步制定中小学班主任教师专业标准，希望以此作为人们探讨和制定中小学班主任教师专业标准过程中质疑与批判的“靶子”，为将来国家政策层面和地方教育管理部门制定颁布有关中小学班主任教师的专业标准做出努力。

《中学教师专业标准(试行)》和《小学教师专业标准(试行)》的基本内容是从专业理念与师德、专业知识和专业能力三个维度来建构教师专业标准。其中，关于师德标准，教育部已于2008年重新修订并印发了《中小学教师职业道德规范》，2013年印发了《教育部关于建立健全中小学师德建设长效机制的意见》，2014年教育部印发了《中小学教师违反职业道德行为处理办法》，2018年教育部印发了《中小学教师违反职业道德行为处理办法(2018年修订)》。它们均对加强中小学教师师德建设做出了明确规定，因此，下文不再专门对班主任教师的师德加以探讨，而主要从三个专业发展维度——专业理念、专业知识和专业能力来探讨其专业标准。详见图 7-1。

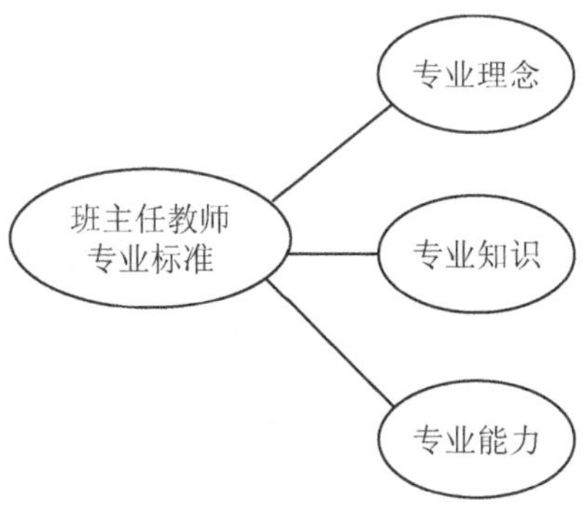

图 7-1　班主任教师专业标准的结构

(一)专业理念

班主任教师的专业理念主要涉及班主任对教育工作的态度和认识、对学生的认识、对班级管理的认识、对家庭教育及学生家长的认识等。

1. 班主任教师对教育工作的态度和认识

班主任教师作为专业人士，必须具有对班主任工作的专业态度和专业认识，具体包括以下几项。

①理解学校教育及班主任工作对社会发展和国家建设的意义，认识学校教育对学生发展的价值导向作用，认识班集体建设和班级管理工作对促进学生发展的重要意义。

②愿意从事班主任工作，对班主任工作具有基本的兴趣，具有从事班主任工作的基本内在动力。

③接受班主任工作的基本责任，对班主任工作具有基本的职业认同，树立良好的班主任职业责任意识。

④认可和接纳班主任工作的专业性及专业价值，重视自身专业发展，不断努力提升专业素养。

⑤认识班主任工作是一种复杂多样的、富于智慧的脑力劳动，对

处理和解决班级管理与学生教育相关问题保持充分的、积极的心理准备状态。

2. 对学生的认识

①树立科学合理的学生观，用发展的、个性化的、系统的视角看待学生，视学生为发展的人、有个性或差异性的人、系统环境中成长的人。

②理解学生的基本含义和本质特征，接纳学生发展过程中出现的错误或不足，以学生身心发展的一般特点及规律作为班级管理和教育的基本依据。

③基于因材施教的基本原则，尊重学生的个性和差异性，尊重每一位学生的发展特点和独立人格，注重维护学生的权益。

④关心学生，爱护学生，对班集体中的每一位学生保持基本的友善和关爱。

⑤重视班级学生在认知、道德、个性及社会性等方面的全面健康成长。

⑥积极认识学生在发展过程中出现的各种问题，充分认识学生发展的不成熟、未成年的特点，理解学生是有潜能、可塑造的发展个体。

3. 对班级管理的认识

①认识班集体建设和班级管理对学生学习与发展的重要作用。

②掌握班级管理及班集体建设的基本理论、方法和策略。

③重视创设民主、平等、和谐的班级管理文化氛围，指导学生积极交往和相互合作，引导学生相互尊重、理解、支持和友爱。

④认识和理解班级的发展特点，尊重班级的个性特点和差异表现。

⑤在班级管理及班集体建设过程中，理性面对班级出现的各种问题，积极加以引导。

⑥理解班级管理工作与其他学科教学活动、学校教育活动的关系，

并予以积极协调和沟通。

⑦重视班级文化建设，重视班级学生良好行为规范和行为习惯的培养。

4. 对家庭教育及学生家长的认识

①尊重学生家长，充分认识学生的家庭遗传因素与环境因素对学生发展的重要作用。

②了解学生的家庭基本结构及特征，了解家长教育孩子的心理特点及家庭教养方式。

③认识家长及其家庭教育对学生健康成长的重要作用。

④认识家庭教育及家长的言行对学生个性与行为培养的重要性。

⑤重视与家长的沟通，重视家校合作，重视对家长正确教育孩子的引导和支持。

⑥重视家长对家庭教育理念和方式的学习，重视改进家长不良教育方式，以对学生实施良好的家庭教育。

⑦引导家长配合学校教育工作和班级管理事务，争取家庭教育对学校教育的理解和支持，开展家校合作，形成家庭与学校教育合力。

(二)专业知识

班主任教师工作充满挑战、富于智慧，其专业知识涉及的内容较为丰富，主要包括班主任教师关于学生发展的知识、班级管理的知识、教育学与心理学知识以及通识文化知识。

1. 学生发展的知识

①熟悉儿童心理学、发展心理学、儿童生理学等相关学科领域的基本理论和知识。

②熟悉《中华人民共和国未成年人保护法》、联合国《儿童权利公约》等关于学生生存、发展和保护的法律法规及政策。

③掌握学生身心发展基本特点和规律方面的基础知识，掌握促进学生身心健康发展的基本方法与策略。

④掌握学生个性及社会性发展特点的相关知识，熟悉学生个性培养及社会性成长的方法与策略。

⑤掌握学生人际交往与道德发展规律的相关知识，熟悉学生良好行为习惯养成的策略与方法。

⑥认识学生身心发展的特殊阶段和敏感时期，理解学生思维成熟的转折期及青春期发展的特点。

⑦了解学生心理健康、心理咨询及心理治疗的基本知识，了解学生心理健康教育的基本方法和策略。

⑧了解有关学生的性成长、性教育、性健康及青春期教育的知识和策略。

⑨了解学生安全与危机防护的知识，掌握自然灾害预防和校园人身伤害预防的策略和方法。

2. 班级管理的知识

①掌握管理学、教育学、组织行为学、教育管理学等学科领域的基本理论知识。

②掌握《班主任工作条例》《中小学德育工作规程》《中小学班主任工作规定》等与学生班级管理相关的班主任工作政策规定。

③熟悉班级管理的基本内容和程序，掌握班级管理及班集体建设的基本策略和方法。

④基于班级管理，掌握组织行为管理的运用策略与方法，为班集体建设服务。

⑤掌握人际关系与管理沟通的相关理论知识，掌握引导班级学生建立良好人际交往和人际互动的策略与知识。

3. 教育学与心理学知识

①掌握普通教育学、普通心理学等教育与心理学科的基本理论和

知识。

②掌握学校教育与人的发展的基本理论和教育策略。

③了解生理心理学、遗传心理学，掌握教育心理学、教师心理学等相关学科的理论知识。

④熟悉基于学习认知说、学习联结说等理论发展形成的各种学习原理及相关理论。

⑤熟悉学生的心理与行为培养、教育的基本规律和原理。

⑥掌握不同年龄阶段学生的认知规律和行为特点，掌握个性化地引导学生健康成长的策略和方法。

⑦了解学生课堂学习与教学的理论知识，了解各学科的课程标准和知识结构体系，以便就班级学生发展问题与任课教师积极沟通。

4. 通识文化知识

①具有较为广泛的自然科学、社会科学和人文科学等方面的综合知识。

②了解科学技术各领域发展的前沿理论、观点及相关知识。

③了解国际社会的政治、经济、教育等领域的热门话题和敏感问题。

④了解国际局势、世界地理、环境、文化等特点，了解中国国情与教育发展的基本状况。

⑤具有音乐、美术、文学等艺术领域欣赏与评价的基本知识。

⑥掌握现代信息技术知识，借助丰富多样的方式更好地开展学校教育、班级主题教育等班级管理活动。

(三)专业能力

班主任教师的专业能力在班主任专业标准体系中具有重要作用，它与班主任教师的班级管理成效直接相关。班主任教师的专业能力主要涉及班级规划能力、班级组织与管理能力、学生激励与评价能力、沟通与合作能力、管理反思能力等。

1. 班级规划能力

①制定班级发展规划，设计班级发展目标，使班级建设与学生个体发展相结合。

②合理运用班级内外、学校内外的教育资源，设计制定有益于学生身心发展的班级活动方案，并有效开展班级活动。

③合理规划和协调班级活动与学校其他各种活动之间的关系，理顺班级学生发展与相关影响因素之间的关系。

④根据班级学生的个性特点及差异性，灵活规划和设计班级管理规则和行为规范。

⑤了解班级学生的共有问题和特殊问题，分析班级可能存在的潜在问题，化解班级可能出现的危机。

2. 班级组织与管理能力

①重视班级建设，了解班级每个学生的基本特点，积极建立有益于班级学生健康全面发展的师生关系。

②引导班级学生之间建立良好的同伴关系和合作关系，加强班级学生同伴或小组互助协作，形成积极的班级人际氛围。

③根据班级学生的发展特点，组织开展有益于学生身心发展的班级教育活动。

④创设班级学习氛围，调动学生的学习积极性，引导学生积极参与各学科、各领域的学习活动。

⑤有效组织班级德育活动，培养学生良好的组织与群体行为方式，形成良好的行为习惯。

⑥合理组建班委会，公平公正选拔班干部，形成班级内部管理的有效机制。

⑦通过班级学生民主协商，制定班级规定和行为规范，形成良好的班风和学风。

⑧发挥班级学生的主体性，调动学生的内在动力，引导学生自主发展、自主管理班级事务。

⑨积极预防班级可能出现的安全问题、伤害事故，妥善处置班级的突发事件。

3. 学生激励与评价能力

①关注学生发展，对学生表现进行有效观察与判断，建立合理的班级学生评价与激励机制。

②树立科学合理的价值观，用发展的眼光看待学生，重视影响学生成长的环境因素，促进学生的个性发展。

③合理评判学生发展中存在的问题，关注学生发展的特殊问题和难题，重视每一位学生的发展权益。

④根据学生的不同特点，使用科学合理的教育评价方式，努力指导每一位学生获得良好发展。

⑤在班级管理过程中，把学生个体激励、小组激励与班级整体发展相结合，引导学生自我激励，树立班级荣誉感。

⑥开展发展性教育评价，有效使用批评教育权，对学生发展过程中出现的错误或问题及时予以批评教育和纠正，对学生的进步与成就及时予以表扬和鼓励。

4. 沟通与合作能力

①引导班级学生相互尊重和相互理解，鼓励班级学生相互合作，有效开展班级教育活动。

②善于倾听学生的心声，积极表达对学生的期待，与学生进行有效沟通。

③有团队合作精神，积极与班级任课教师和其他教育者沟通协作，

分享班级管理的经验和感受，争取有助于班级学生发展的教育资源。

④积极吸纳学生家庭及社区的教育资源，形成班级内外、学校内外的教育合力。

⑤积极与学生家长进行有效交流合作，根据地方和学校的具体情况，适当通过电话、网络、家长会或家访等方式联系家长，引导家长改进家庭教育理念和家庭教养方式。

⑥组织家长群体，公开合理地建立家委会或相应组织，争取家长的教育力量，共同促进学生发展。

⑦对个别心理发展问题较为严重或存在心理障碍的学生，积极与其家长和学校管理者沟通，协助家长通过专业的心理咨询或治疗机构解决学生的问题。

5. 管理反思能力

①反思班级管理和学生教育过程中所遇到的问题或不足，积极调整或改进班级管理策略和方法。

②主动分析班级发生的关键事件或典型案例，不断反思班级管理的理念与方法，改进班主任工作。

③针对班级管理中常见或普遍的学生问题进行探索和研究，提炼有效的问题解决策略。

④积极思考班级管理中遇到的问题，主动与同事或学校管理者交流讨论，从他人视角来分析班级管理问题，寻找解决问题的新思路、新方法。

⑤审视自身的专业发展水平和特点，积极参加班主任专业学习与培训，不断提高和完善自身专业素养。

五、建立班主任教师专业标准的细则

(一)专业标准细则的重要性

专业标准往往是国家政策层面对专业理念与行为规范在普遍意义上的高度概括的规定。班主任教师专业标准给出的是关于班主任教师专业的一般的、宏观的标准，它是指导各级各类中小学校班主任教师管理工作的基本准则。

全国不同地方的中小学班级管理具有各不相同的具体特点，因此，地方教育主管部门及学校管理层有必要在班主任教师专业标准的基础之上，结合当地的具体实际教育情况和班级发展特点，建立班主任教师专业标准实施细则，对专业标准进行详细的、具体的、丰富的解释和说明。专业标准实施细则具有补充性、辅助性和可操作性的特点。

基于班主任教师专业标准的宏观规定，为班主任教师专业标准制定实施细则，有助于更好地贯彻和执行国家宏观层面制定的专业标准；有助于落实专业标准和进一步规范专业标准的使用，使学校班主任管理工作真正做到有“专业标准”可依；有助于提升班主任教师专业发展和促进班主任工作的专业化。

(二)专业标准细则的操作性

班主任教师专业标准的实施细则是对该专业标准的概念、理念、方法和程序等进行操作性的界定，有助于科学制定适应学校教育和班级管理情境的操作标准。

在解决具体的班主任专业发展问题时，国家层面的班主任教师专业标准需要与地方教育发展状况相结合，与中小学校教育管理情况相结合，对其予以全面、细致、具体的解释和说明。在地方和学校遵循班主任教师专业标准的过程中，还必须对专业标准的内容进一步细化和具体化，制定更为细致的、可操作的标准。

地方教育主管部门要准确理解班主任教师专业标准的基本理念和基本内容，根据各地学校发展的特点和状况，制定当地班主任教师专业标准的实施细则和具体措施。学校管理层面要根据学校发展的具体情况，落实班主任教师培训，制定具体的班主任教师考核内容和指标，有效实施班主任教师的管理工作。

中小学班主任教师要积极遵循专业标准及其实施细则，以提升自身专业素质，促进专业发展，把班主任教师专业标准作为开展班级管理活动和促进学生良好发展的政策依据与制度保障。

假如班主任教师专业标准中指出班主任教师要重视“家校合作”，这是对班主任专业标准的宏观概括认识。在不同地方、不同学校的具体班级管理实践活动中，“家校合作”可能有着不同的内容和表现形式，必须因地制宜地对专业标准进行细化，给地方或学校的“家校合作”一个可操作的界定，以指导班主任教师在具体的班级管理过程中落实“家校合作”。

因此，不同地方和学校可能会在操作层面上有不同的解读。具体以“家访”为例，基于不同的家庭教育状况与家校合作关系，有的地方和学校可能会规定班主任教师必须开展“家访”活动，有的地方和学校可能会规定班主任教师根据班级管理的需要自主安排“家访”，而有的地方和学校则可能会规定班主任教师不必进行家访。而且，由于不同地方和学校的班主任教师“家访”活动的特点和表现形式可能有着很大差异，因此他们会对班主任教师“家访”活动的具体内容、形式和程序做出明确的说明。

(三)细则实例：反思与解读教师的“批评权”

近年来，因中小学教师“批评”学生而导致的教育事件屡见报端，引发社会各界的广泛关注，批评也被打上了“问题”的标签(荆素正，吴黛舒，2015)。有些教师担忧对学生的错误进行批评，可能会招致非议或引起学生的过激行为，故采取了放任甚至不闻不问的态度。

2009年8月，教育部颁布了《中小学班主任工作规定》，其中第十六条指出“班主任在日常教育教学管理中，有采取适当方式对学生进行批评教育的权利”，呼吁教师批评权的理性回归，试图解决一些教师不愿或不敢批评学生的问题。

然而，相关政策的出台似乎并没有打消班主任教师批评教育学生的顾虑。有研究指出，如果教师批评权不能做到操作细化，解决实施的“度”之难题，教师很难在教育实践中真正落实批评权(刘毅玮，龚蓉，2010；李娜，2019)。教师对学生进行批评教育依然像是行走在“雷池”的边缘。而且，真实的教育教学情境千变万化，学生亦是个性各异，没有法律法规能够完整地罗列出所有具体情境，难以规定教师在何种情况下应该采取何种方式、何种程度的批评教育。

近年来，因教师“批评”学生所引发的冲突事件偶有发生，教育行政部门和学校在处理这些事件时，往往迫于舆论和家长的压力，不是从理性的而是从主观臆断的角度，依“权”行政，不做深入调查，甚至不待弄清事实真相就对教师实施处罚。长此以往，导致一线教师在面对学生的错误和不当行为时如履薄冰，不敢采取批评措施(李国徽，2011)

因此，让班主任教师能够正确批评教育学生、敢于批评教育学生，有必要先厘清批评的概念内涵，探讨何为真正意义上的批评，从而帮助班主任教师正确认识批评和行使批评教育权。

1.“批评”的概念明晰

教师对学生实施批评教育本是一件再正常不过的事情，教师为何却有些畏首畏尾呢？回顾一些中小学校发生的“批评”事件，不难看出批评的含义已然被曲解，批评与指责、训斥、讽刺、挖苦等一些概念混淆，而由这些举措导致的后果却被加诸“批评”一词之上，引发人们对批评的抵抗和排斥，一些教师自然不敢行使应有的批评教育权。

《辞海(第6版缩印本)》中对“批评”的释义为：①评论，评判；②对书籍、文章加以评点、评注；③对缺点和错误提出意见。将“批评”的内涵运用到学校教育情境中，则需要教师对学生的言语、行为做出判断，指出学生的不合规范言行或在思想品德及学业发展中的错误，以及学生自身存在的缺点。

可见，批评的基本含义是指出缺点或弥补不足。教师对学生的批评的基本含义在于指出学生的缺点或弥补不足，并没有讽刺、指责、挖苦等消极的教育管理方式。而且，批评对学生改正缺点或弥补不足，及时获得更好发展，具有非常积极有效的教育意义。教师批评学生重在摆事实、讲道理，尊重学生的人格，理解学生的特点，心态积极地促进学生更好地成长。

然而，在日常的一些教育语境、相关报道甚至学术论文中，“批评”这一概念被污名化，常常等同于教师对学生的指责、训斥、讽刺、挖苦，甚至等同于侮辱、谩骂等。通过这些不良的教育方式，教师虽然也指出了学生的错误和不当言行，但却由于带有消极情绪和过激言行而难以取得积极的教育效果。

一方面，从表现形式来看，相对于批评“摆事实、讲道理”的客观性，指责、训斥等不良教育方式带有浓厚的消极情绪色彩，即便是“爱之深，责之切”，也难免有宣泄个人情绪、偏离教育目标之嫌。

另一方面，从行为结果来看，批评对学生发展具有积极意义，对被批评者的人格给予尊重和保护，而指责、训斥等往往会对学生造成心理伤害，容易导致学生消极的情绪反应，激化师生矛盾，甚至引发一系列不良后果。

更为严重的问题在于，一些教师也对批评的被污名化起到了推波助澜的作用，自然而然地认为指责、训斥等不良教育方式属于“批评”的范畴。比如，有一位班主任教师在引导学生改正错误时，辱骂学生家人，侮辱学生人格，并简单地认为自己是在“批评”教育学生，甚至公然强调“骂学生是对学生的爱”。

国外一些文献的引导也使得部分国内相关研究文献中对“批评”概念产生错误的解读。“批评”一词对应的英文是 criticism，但是 criticism 的英文不仅有“批评、评论”之意，还有“指责、非难”之意，在国外相关的文献中也可见 constructive criticism（建设性的批评）和 destructive criticism（破坏性的批评）一说，分别有积极和消极的成分（Baron，1988；Allred，2018）。但中文文献运用这一概念时往往将其笼统理解为“批评”，却忽略了在中文语境下，批评并不具有“指责、非难”等消极含义。

批评被污名化，使得教师对学生的批评往往被误认为有悖于学生身心发展的教育规律，往往被置于“以学生为中心”“以人为本”的对立面。

此外，全面认识“批评”的内涵，还需要明确其与惩罚、惩戒的关系。在一些文献中，惩戒、惩罚被认为是“批评”的手段，体罚和变相体罚也被误认为极端的“批评”。事实上，“批评”强调指出学生的不合规范言行，而“惩罚”“惩戒”则强调对学生不合规范的言行进一步采取处罚或矫正措施。教师批评学生，指出学生的缺点、错误或不足，帮助学生提高认知，努力完善自我，但是，如果学生不及时改正错误，对一些错误较为严重的情况，则有必要对学生进行惩罚、惩戒，从而使其觉醒，达到矫正的目的。惩罚与批评都是合理的、有积极作用的教育方式，而体罚、变相体罚则是完全不同范畴的概念，它不利于学生的身心发展，相关法律法规已明确禁止。

2. 批评教育的价值

在当今大力倡导赏识教育的背景下，部分教师和家长片面解读赏识教育的理念，认为赏识教育就是单纯地表扬、鼓励学生，从而将“赏识”与“批评”对立起来，否定批评的重要作用，甚至将批评作为教师给予学生的一种消极的负面反馈。更有甚者，认为教师批评学生是对民主、平等师生关系的挑战。诚然，我们日常接触到的一些对“批评”的错误理解和使用，的确有损于学生的身心健康发展，体现出教师对待学生的一种“自上而下”的管理支持和控制。但是，真正意义上的批评并非为了支配和控制学生，而是旨在教育人、培养人、塑造人，是在师生民主、平等关系的基础上指出学生发展过程中出现的错误与不足，本质上有益于学生更好地成长。

(1)批评是学生适应社会的有效途径

中小学生处于身心迅速发展的关键时期，各方面发展尚不成熟，对自我发展还没有形成完善的认知与评价。如果一味地强调表扬、鼓励，则难以使学生正视自身的缺点，甚至容易使学生产生骄傲自满的心理。教师的批评与表扬并非全然相对立，它们对学生的良好发展都有不可或缺的作用。

但是，在学校教育情境中经常可以看到这样的现象，教师不敢批评学生，不敢指出学生的错误，担心会伤害到学生的自尊心，给学生造成心理创伤。试想，如果学生犯错或表现不够优秀，教师一味地赏识、鼓励甚至近似于讨好，而不去指出错误，不仅难以使学生产生心理上的警觉，激发其改正错误或弥补不足，而且学生长大以后，在社会生活中，难以面对正常的批评。

当前，全国各地中小学校，学生因接受不了教师的“批评”而自杀、自伤的新闻可见于媒体报端。纵然有教师举措不当的缘故，但是学生心理承受力和抗压能力也着实令人担忧。教师对学生的错误或不足提出批评，一定程度上也可被视作挫折教育，锻炼学生的心理承受力和抗压能力，以应对将来社会上的挑战。

(2)批评是学生学会建言的重要途径

批评旨在客观地揭示学生的错误或不足。但在当前的人际氛围中，当我们面对他人的错误或不足，往往不愿意加以指出，以避免造成与他人的隔阂。而且，被批评的人也不能理性地接纳批评，反而认为别人的批评是对自己的非难。

如果教师在批评学生时畏首畏尾，或者没有正确行使批评教育权，势必会影响到学生对批评的认识，错误地认为批评就是伤害别人的一种消极行为。学生将来面对社会发展问题时，也很难敢于积极建言。

教师对学生的行为具有不可替代的影响作用，教师对学生发展过程中出现的错误或不足进行批评，也为学生的建言意识与行为树立了榜样。如果教师在教育教学的过程中，客观公正地指出学生不合规范的言行或错误之处，正确地行使批评教育权，学生看到教师批评的初心，体会到教师的关切和良苦用心，自然而然也能学会积极的批评理念，认识到批评的价值。这对学生将来敢于开展批评、积极建言，并虚心接纳他人的批评，都是大有裨益的。

(3)批评是学生学会沟通的重要方式

学校教育中，教师对学生的培养不仅在于专业知识的传授，也要注重学生的社会情感学习，学会与他人沟通是学生培养中的重要一环。在沟通理论中，批评的本质是批评者与被批评者之间的一种沟通过程，具体到教师的批评行为，则是师生之间的一种动态沟通过程(王智佳，2014)。

教师对学生开展批评，需要讲求沟通的策略，使其发挥应有的作用。教师对学生开展批评，要因人而异，因材施教，考虑到学生接受能力的差异，选择积极的言语表达方式，抓住批评教育的合适时机，有针对性地向学生传达可接受的批评内容。教师对学生开展批评是师生之间动态沟通的过程，教师采取恰当的策略对学生进行批评，学生作为批评的接受者直接参与其中，感受有效沟通的魅力和艺术，潜移默化地受到影响，有利于学生掌握沟通的技巧，学会与他人沟通。

3. 教师如何正确批评

在教育教学实践中，教师即便认清批评的概念，但若想做到正确有效地批评也并非易事。首先，教师若是对学生有不恰当的期待，或是将教师与学生的关系简单定义为“管理与被管理”“服务与被服务”的关系，则很难不带消极情绪，很难做到客观公允；其次，教师若仅仅将批评当作一种说教，也难以给学生带来内心深处的触动，发挥不了批评真正的作用。要想使教师正确有效地批评，既需要观念层面的引领，又需要实践层面的策略和艺术。

(1)观念层面的引领

教师与学生之间应建立民主、平等的师生关系。但是，如果教师实施批评受到“中心式”的师生关系的引导，则容易陷入批评误区和不敢批评。

一种是以教师为中心的师生关系。我国自古就有尊师重道的传统，而且教师在专业知识、专业能力、社会经验、心智成熟程度等方面与学生相比占据着优势地位，对学生知识的获得、情感态度价值观的养成等起着重要作用。可以说教师在对学生的教育教学活动中是占据一定的主导地位的，如果教师放大这种“师道尊严”的优势，则容易对学生造成强势控制和支配，进而挤压学生的主体性(艾诗根，2017)。当学生出现不合规范的行为时，部分教师采用训斥、指责的方式要求学生扭转、服从，甚至使用侮辱性的语言，体现出教师对学生“自上而下”的高压视角，走入了批评的认识误区。

另一种是以学生为中心的师生关系，强调对学生主体性和能动性的尊重，却过分地肯定学生的个体经验，忽略了其作为学生对教师引导的需要。在这种理念的倡导下，社会舆论和家长对教师批评学生亦不给予充分的理解和支持，导致教师不愿或不敢实施批评权。

所以，无论是以教师为中心还是以学生为中心的师生关系，都会出现拔高教师或学生单方面的作用和地位而压制对方的倾向，造成师生关系的对立，以此为理念，也难以实施真正的批评教育。因此，教师与学生之间的关系本质上是人格平等的社会关系，师生之间的对话交流要建立在相互尊重、相互理解、平等和谐的人际关系基础之上。

此外，教师对学生应有恰当、合理的期待。情绪认知理论指出，正是由于我们常有的一些不合理的信念或观念才使我们产生情绪困扰。教师对学生存在过高的期待，在面对学生的错误或问题时，就难以做到不带消极情绪色彩，容易陷入指责、训斥、谩骂学生的批评误区。

(2)实践层面的策略和艺术

教师对学生的批评本质上是师生间的沟通，需要避免沟通的误区。在教育实践中，可以看到有的教师不注意批评的场合或方式，对于心理承受力脆弱的学生而言，容易造成学生自信心和自尊心的挫伤，导致学生对批评的逆反和排斥。

教师批评的言语运用也是影响批评效果的重要因素。教师在指出学生的缺点或错误时，要保持积极的情绪和冷静的心态，注意到学生的理解水平。在言语沟通的过程中，教师要注意沟通的双向性，在批评中避免单方面掌握话语权，要给学生反馈和表达想法的机会，使批评真正发挥出教育的作用。

批评艺术需要教师在教育实践中摸索和总结，没有千篇一律的办法，具体的方式也要因人、因时、因事而异。总之，批评是建立在教师具有民主平等的教育理念基础之上，建立在对学生深切关爱、合理期待的教育情感基础之上的。教师树立正确的教育观、教师观与学生观，建立良好的师生关系，尊重学生的人格，了解学生的个性特点，才能真正发挥批评教育的作用，引导学生健康成长。

第八章

人力资源管理与班主任专业化

“人力资源”一词由管理学者彼得·德鲁克(Peter F. Drucker)于1954年提出。他认为人力资源拥有其他资源所没有的素质，包括协调能力、融合能力、判断力与想象力，是所有资源的高级形式。

教师是学校教育中首要的人力资源，也被称为“教育发展的第一资源”。班主任教师作为学校教师队伍的重要组成部分，与从事教学工作的教师一样，也是学校教育最为重要的人力资源。班主任教师作为专业人士，需要得到充分的人力资源开发与管理。

班主任教师通过开展班级组织与管理活动，长远深刻地影响着学生的学业及全面发展，对提高学校教育质量具有关键作用，因此，科学有效地开发与管理班主任教师人力资源对学校教育和社会发展至关重要，对班主任教师专业化至关重要。

一、教师是人力资源

(一)什么是人力资源

人力资源也称为人类资源、劳动资源、劳动力资源，它是一定范围内的人口总体所具有的劳动能力的总和，包括数量和质量两方面。人力资源反映着一个国家、地区或组织中总体的劳动力发展水平。

当今世界，在充满发展机遇的同时，也充满了挑战。许多行业在寻求合作共赢的同时，也不可避免地存在激烈的竞争。根本而言，社会竞争是人力资源的竞争，更关键是人才的竞争。人力资源开发的相关问题已经被世界各国以及各种组织提到了重要的议事日程，成为组织战略发展的关键问题。人力资源越来越成为各种组织发展的首要资源，拥有优质的人力资源已经成为促进组织发展与进步的众多因素中最重要的因素。

因此，有效地开发和管理人力资源，是一个组织在各种社会竞争中不断持续发展的关键。

（二）什么是教师人力资源

我国2010年颁布的《国家中长期教育改革和发展规划纲要（2010—2020年）》（以下简称《教育规划纲要》）已经明确指出："人力资源是我国经济社会发展的第一资源，教育是开发人力资源的主要途径。"根据中共十七大关于"优先发展教育，建设人力资源强国"的战略部署，我国要"加快从教育大国向教育强国、从人力资源大国向人力资源强国迈进，为中华民族伟大复兴和人类文明进步作出更大贡献"。《教育规划纲要》的战略目标确定为："到2020年，基本实现教育现代化，基本形成学习型社会，进入人力资源强国行列。"

《教育规划纲要》所强调的人力资源开发，主要是指对学生的教育培养，把学生培养成能胜任国家社会可持续发展的人力资源，乃至把国家建设成为人力资源强国，进而实现国家富强、民族振兴、人民幸福的中国梦，实现中华民族的伟大复兴。

教育是开发人力资源的主要途径，教师是培养学生人力资源的主要力量和重要影响因素，因此，教师自身也是需要得到充分开发和有效管理的人力资源。把教师培养成优质的教育人力资源，是培养学生将来成为优质的社会人才的重要保障，也是把我国建设成为人力资源强国的重要保障。因此，教师这一人力资源的培养应受到充分的重视。

学校教育的基本功能是促进学生发展，把学生培养成社会和国家所需要的人才。学生的良好发展需要高素质的教师发挥教育引导作用，优质的学生人力资源需要高素质的教师人力资源作为支撑。

宏观而言，影响学生发展最为重要的两种因素就是家庭和学校，家长和教师对学生的发展有着最为关键的作用。其中，教师作为学校教育的实施者，对于学生的学业及全面发展具有不可或缺的作用。不断提升教师队伍的专业素养，培养教师成为专业人士，进而建设一支强大的教师人力资源队伍，就显得尤为重要。

学校是社会的重要组成部分，优质的学校教育需要高素质的教师。充分发挥教师的作用，有助于学校教育为社会培养优秀的学生和优质的人力资源。学校教育为我国成为人力资源强国而不断努力，同时，教师自身也是实施学校教育的人力资源，也应接受良好的人力资源开发与管理。学校教师(包括班主任教师和教学教师)都需要具有专业素养，成为优秀的人力资源，这符合《教育规划纲要》的战略发展目标。

(三)班主任教师是人力资源

对中小学校而言，教师人力资源队伍主要有两大类：从事教学工作的教师和从事班主任工作的教师。两者都是教师人力资源队伍的重要组成部分，培养优质的从事教学工作和从事班主任工作的教师人力资源都具有重要的战略意义。学校管理离不开这两种重要的人力资源。

从事教学工作的教师人力资源，要拥有胜任一门或多门学科教学工作的才能，主要负责学生的课程教学与学习。当前学校招聘教师主要考察其是否能胜任课堂教学工作。

然而，学校教育还包括另一项重要的工作内容，它与课堂教学同等重要，但具有不同的专业性质。这种工作就是班级学生管理工作，它需要班主任教师来承担。

班级及学生管理是学校最基本、最关键的事务。这些事务要由班主任教师人力资源来完成。班主任教师是学校管理中最活跃、最重要的资源之一。班主任教师要拥有班级及学生管理的才能，善于针对班级学生发展问题进行积极引导和教育。

在我国班级授课制的学校管理背景之下，班主任教师在学校教育与管理过程中承担着大量的教育职责。班主任教师的基本功能在于通过班集体的建设和管理，引导学生的个性和社会性获得良好发展。班主任教师对学校教育目的的实现起着重要作用。

因此，学校管理层要努力把班主任教师培养成优质的人力资源。有效地开发班主任教师人力资源，是学校组织发展的关键，对学生健康成长乃至成为社会有用的人才具有重要作用。班主任教师是班级管理和学生教育的实施者。提升班主任教师队伍的专业素养，把班主任教师培养成为专业人士，建设强大的班主任教师人力资源和人才队伍，对学生、班级及学校都有着重要作用。

二、班主任教师人力资源管理

(一)教师人力资源管理

人力资源管理是对组织中人力资源的产生、开发、配置、使用等各个环节进行计划、控制、监督的管理过程。人力资源关注组织中人与人、人与事、人与组织的协调配合，调动人的积极性和自主性，激发人的发展潜能，提高工作质量，获得工作绩效。

人力资源管理具有宏观管理层面和微观管理层面的表现。宏观人力资源管理主要是指把整体社会人口作为资源所实施的管理与开发。微观人力资源管理是针对具体组织中的人力资源所进行的管理活动，主要涉及人力资源规划、工作分析、招聘、培训、绩效与薪酬管理等。

人力资源管理理论实践之初，主要集中于企业领域。20 世纪初，随着生产力的发展和巨额的教育投入，社会和政府对教育部门办学质量和绩效日益关注，要求学校管理人员把工作重点放在绩效上，并以此作为评价和考核学校管理水平的主要指标。在这种情况下，弗雷德里克 · W. 泰勒(Frederick W. Taylor)的科学管理成为检验学校管理的主要标准。

20 世纪 40 年代以后，教育学研究者开始关注是否可以用统一的标准来衡量教师的工作绩效，科学管理的思想和做法是否能够适用于教师等问题。20 世纪 60 年代末到 70 年代初这段时间，人力资源管理的观念开始为学校教育领域逐渐接受。

但直到 20 世纪 70 年代中期以后，人力资源管理才真正为教育界所接纳和运用，针对教师人力资源管理的理论研究与实践活动，逐渐得到发展。一般的人力资源管理的基本原则和规律适用于教师人力资源管理，同时，教师职业有其专业特性，针对教师进行的人力资源管理活动必然包括自身专业的一些特点。

教师人力资源管理是教育组织管理者或管理主体基于教育管理基本理论，运用科学合理的方法，对教师人力资源进行有效规划、甄选、培训、组织与调配等的管理活动。在这一管理过程中，教育组织管理者不断对教师的职业心态与教育行为进行恰当引导、激励与协调，充分调动教师工作的内在动力和积极性，发挥教师的专业潜能，提升教师的专业素养，从而提升教师工作绩效，实现学校教育组织目标。

宏观的教师人力资源管理是对一个国家或地区各级各类学校的教师人力资源的开发与管理，而微观的教师人力资源是对一个学校的教师进行的开发与管理。教师人力资源管理的主体是教育组织中有关人力资源的管理机构及其管理者。教师人力资源管理的对象是教师，影响教师教育教学工作绩效的各种问题都属于教师人力资源管理部门及其管理者在工作中要予以关注的问题。教师人力资源管理的出发点与落脚点是促进教育组织和教师的共同发展，发挥教育组织的育人功能，以期更好地实现教育组织的发展目标。

（二）班主任教师人力资源管理的基本内容

在当前人才竞争的时代，班主任教师人力资源管理在学校组织管理工作中发挥的作用越发重要。这一教育管理举措也是学校获取高素质、有胜任力的班主任教师进而提升学校核心竞争力的重要保障。

社会对人才培养的要求不断提高，学校要不断促进自身发展，培养高素质的学生，就必然需要拥有一批高素质的教师队伍，班主任教师正是这一队伍的重要组成部分。因此，学校对班主任教师人力资源的有效开发与管理是学校树立发展优势和形成核心竞争力的重要保障。如果学校忽视班主任教师人力资源的开发，如果学校的班主任教师队伍缺乏应有的专业素养，那么学校的管理与发展就会成为无源之水，学生也难以得到应有的培养。

在教育管理领域，班主任教师人力资源管理也符合人力资源的基本特征和规律。班主任教师人力资源管理的基本任务在于根据学校的发展战略，对班主任教师人力资源进行配置，适时开展班主任培训与开发工作，采取各种管理方式和策略，激发班主任教师的工作动力和积极性，充分发挥班主任教师的才能和潜能，提高学生及班集体管理效率，进而促进学校教育发展，实现学校办学目标。学校基于国家的教育目的和教育方针，为了实现学校的教育目标和办学理念，对学校组织中的班主任教师进行有效开发与管理，具体主要包括班主任教师人力资源规划、班主任教师招聘管理、班主任教师培训管理、班主任教师考核管理、班主任教师薪酬管理等。

1. 班主任教师人力资源规划

规划的基本含义是谋划、筹划，指比较全面的、长远的发展计划。

规划属于计划的范畴，涉及发展的战略目标、方案和策略。在人力资源管理理论中，规划往往是指具有战略性的、较为全面的发展计划，是指导一个组织在一段时期的发展蓝图。规划一般包括确定发展目标、提出保障措施和实施步骤，而不一定包括具体的工作内容、方法和进度等。

规划不仅是一种组织管理活动及其发展的定向或定位，也是一种提高组织管理质量和效能的重要管理策略和谋划。它具有前瞻性和战略性，涉及组织管理变革和创新。

人力资源规划也称为人力资源计划，是指一个组织根据其战略目标和人力资源现状，为满足组织发展中人力资源在数量和质量上的需要，科学预测未来环境变化中的人力资源需求与供应状况，而制定的人力资源获取、利用、保持和开发的策略，以确保组织战略目标的实现和个人价值的体现(姚泽有，张建国，2012)。简单而言，人力资源规划是指系统地预测和评估人力资源的需求与供给，并使之平衡的过程。

基于学校及教育发展战略，学校管理通过对班主任教师工作岗位数量和职责进行规划与管理，使班主任教师工作与学校发展目标相一致，保证班主任教师人力资源活动各环节相互协调，将班主任教师人力资源有效地配置到班集体建设和班级学生管理与教育工作中，满足学校对学生的教育和学校自身发展的需要。

学校管理层为了稳定地拥有相应数量和质量的班主任教师，实现学校教育目标，需要对班主任教师人力资源进行必要的、合理的规划与设计，从而在学校教育组织的长期发展过程中，使班主任教师需求量与供给量之间相互匹配，为班主任教师工作的顺利开展提供人力资源保障。

班主任教师人力资源规划主要包括四方面：①从教育组织和班级

建设的目标与任务出发，进行班主任教师岗位设计与岗位分析，以此作为后续班主任教师招聘和选拔的依据。②引导班主任教师做好职业生涯规划，包括班主任教师的学习计划、培训计划、进修计划等。③设计好班主任教师人力资源的调配，规划班主任教师的晋升、调动、退休、辞职、解聘等相关管理事务。④做好对班主任教师人力资源的需求与供给的预测，从数量和质量上保障班主任教师工作岗位运转。与班主任教师人力资源的数量相比，其质量对于学校教育发展和班级管理的作用更为重要。随着社会经济的发展，学校教育对班主任教师人力资源的质量提出了更高的要求和期待。

2. 班主任教师招聘管理

招聘是组织为了实现发展目标，以人力资源规划为基础，借助各种信息途径，吸引具备任职资格和条件的求职者，采取科学适当的方法，从中甄选和确定候选人予以聘用，并对活动本身加以评估的管理过程。

班主任教师招聘是根据班主任教师人力资源规划及学校发展特点，确定班主任教师的需求与供给的关系，通过招聘，调配相应数量和质量的班主任教师，以选拔具有良好专业素养的班主任教师从事学生及班集体管理工作。

当学校的班主任教师人力资源需要扩大或补充时，学校管理层就必须建立起一种系统的招聘制度，根据学校教育发展的需求，增加、维持和调整班主任教师队伍，保持班主任教师人力资源需求与供给的动态平衡，维持学校教育组织的运转和发展。在对班主任教师人力资源进行配置时，需要综合考虑班主任教师的年龄、性别、学历、学科等结构背景，科学规划，合理调配。

班主任教师的招聘为学校教育注入了新的人力资本，有助于学校教育人力资源的合理流动，也有助于稳定班主任教师工作岗位，确保班主任教师专业素质，促进班主任教师潜能开发，提高学校教育人力资源的质量和学校竞争力。

班主任教师人力资源招聘是一个复杂、完整而又持续不断的过程。广义的招聘主要包括班主任教师的准备、招募、甄选、录用与评估等具体内容，而狭义的招聘不包括评估阶段，主要包括准备、招募、甄选与录用。

(1)招聘的准备阶段

准备阶段为班主任教师的后续招聘环节做准备，主要包括确定招聘的必要性，招聘的人数、类别或层次，确定招聘的时间、地点和方式，组建招聘小组成员和负责人，核准招聘的财务预算等。准备的主要目的在于处理好班主任教师人力资源规划、工作岗位分析与招聘的关系。

(2)招聘的招募阶段

招募是招聘工作的正式开始，基于学校组织发展目标，通过信息发布渠道寻找和吸引具有班主任教师专业任职资格的求职者或应聘者。它包括制订和审定班主任教师招聘计划，分析招聘班主任教师的内部或外部渠道，明确招募的具体策略和方法，设计和发布招聘班主任的相关信息，并对班主任教师岗位的应聘者加以组织。招募的主要目的在于获得足够数量的应聘者，为招聘的后续阶段做准备。

(3)招聘的甄选阶段

甄选是在招募工作完成后，根据用人条件和标准，对班主任教师岗位的应聘者的资格进行审核，核实应聘者的个人资料和背景信息，通过初选、笔试、面试、心理测试以及其他测试对班主任教师的专业性加以甄别，从应聘者中筛选出适于班主任教师岗位的人员。甄选的目的在于从班主任教师岗位的应聘者中筛选出学校需要的最合适人选。

(4)招聘的录用阶段

录用一般包括试用与正式录用两个环节，主要涉及制定班主任教师录用策略，做出录用决定，对新任班主任教师进行上岗前的指导和培训，与聘用者签订相应工作协议，明确班主任教师的岗位职责和任务。录用的目的在于学校与班主任教师的应聘者之间确定聘用关系，为后续学校对班主任教师的管理和班主任教师对班级学生的管理做准备。

(5)招聘的评估阶段

评估是在班主任教师招聘录用结束之后，对招聘的成本与效益，招聘的方法与途径，招聘的数量、质量与结构等内容进行分析评估。评估的目的在于分析招聘的成本和效益状况，以及招聘过程中可能存在的问题，为以后的班主任教师招聘提供参考和依据。

3. 班主任教师培训管理

人力资源培训是组织发展及其人力资源管理的重要环节之一，旨在引导组织成员学习和掌握完成本职工作所必需的基本知识、理念与技能，最大限度地使组织成员的个人素质与工作需求、组织愿景相匹配，改善工作表现，提高工作绩效。

培训有助于提高组织成员的专业水平和工作效率，增强组织成员之间的团结协作精神，提升组织凝聚力和成员士气，增强组织发展的动力。在组织改革和战略调整时，培训可以帮助不适应岗位要求的员工达到岗位要求，留住归属感较强和已适应组织文化的成员，减少组织外部因素可能带来的不利影响。

当代社会迅速发展，教育不断进步，班主任教师需要不断适应社会发展的复杂多样性，这对学校教育提出了更高的要求。面对班级及学生管理，中小学校必须重视对班主任教师人力资源的培训，提高班主任教师的专业素养，使班主任教师能够了解学生发展的状况，及时解决班级学生发展过程中出现的问题，避免班级学生的潜在发展危机，提高班级管理效率。

在班主任教师人力资源管理中，学校管理层需要根据班主任工作的特点及班主任面对的学生及班集体的实际问题，有计划、有组织地为班主任教师提供培训服务和支持，不断提高班主任教师的专业水平，发掘班主任教师的工作潜能，改进班主任教师对班级管理的价值观、工作态度和行为，完善班主任教师的班级管理理念和策略，提高班主任教师的工作效率，帮助班主任教师胜任班级管理和学生教育工作。

无论是在班主任教师入职阶段还是在职阶段，为了充分发挥班主任教师潜能、促进其专业发展，学校管理层应通过职前培训、在职培训等学习、指导等方式，提高班主任教师的教育管理知识水平、理念和能力，最大限度地使班主任教师的个人素质与班级管理和教育专业工作需求相匹配，从而促进班级及学生良好发展。

在学校组织中，班主任教师培训所涉及的内容是全方位的，学校管理层需要全面关注班主任教师的专业发展，提升班主任教师的专业素养。具体而言，学校管理层应重视以下培训内容：①重视班主任教师岗位职责培训，这是班主任教师最基本的培训，是组织生存与发展的基础。②重视班主任教师在班级管理和学生教育方面的基本知识与理论的学习与更新。③重视班主任教师的协作精神、沟通能力、组织协调能力，以及矛盾化解与冲突处理能力等方面的培训。④重视班主任教师的班级管理创新能力的培训，引导班主任教师灵活有效地应对复杂多样的班级学生特点和问题。⑤重视班主任教师的班级管理文化培训，形成良好的班级管理文化氛围，从文化层面规范和引导班主任教师的班级管理行为方式。

4. 班主任教师考核管理

考核是针对工作绩效的考核，也称绩效评估、绩效考评，是指根据相应的考核标准，运用科学合理的方法，收集、分析有关组织成员的工作过程、工作成果等完成工作任务的程度的相关信息，并进行评价与反馈的过程。绩效考核的目的在于为组织成员勤奋努力工作、完成工作任务进而实现组织发展目标提供有力的激励。绩效考核为组织成员是否获得晋升、奖励、聘用等进一步的管理决策提供依据。

对于班主任教师而言，学校管理层要根据班主任教师专业标准，明确班主任教师专业发展目标，建立合理的绩效考核机制，遵循“多劳多得、优劳优酬”的基本原则，对班主任教师的班级管理工作进行科学合理的评价，并采用相应的管理激励措施，充分发挥班主任教师人力资源的价值和作用，提高班主任教师的工作效率。

班主任工作是一项非常复杂的脑力劳动，其绩效考核是一个复杂的、动态的、系统的过程。学校管理需要建立一套科学有效的绩效考核体系，以考察班主任教师的工作状态，了解班主任教师在班级管理中遇到的困难和阻碍，全面客观地评价班主任教师的工作绩效，从而引导班主任教师及时调整或完善班级管理方案和学生教育策略，最终顺利完成班级管理目标，激励其更好地胜任班主任工作。

班主任工作考核谁说了算

在一所中学，学校管理层为了激励班主任教师努力工作，采取班级每一位学生都要通过网络匿名给班主任教师打分的评价措施，并且以此作为学校考核班主任教师工作绩效的主要依据，与班主任教师的奖惩、津贴等直接挂钩。

在学校管理层看来，这种让班级学生来评价班主任教师工作的考核措施遵循了学校教育“以学生为本”“为学生发展服务”的教育理念，使班主任工作绩效评价变得既简单又清晰。而且，自从实行了这种考核评价办法后，班主任教师的工作积极性有了很大的提高，班级管理问题也减少了许多。

但是，这种考核评价方法给不少班主任教师带来了较大的工作压力。班主任教师意识到学校评价自己工作好不好的关键在于班级学生评价得好不好。因此，虽然班主任教师对学生的管理变得更为亲和友善，但是面对学生的错误，一些以往经常批评学生的班主任教师变得不敢批评了，尽管教育部有政策明确指出，中小学班主任教师在日常班级管理中，有采取适当方式对学生进行批评教育的权利。

在另一所中学，虽然学校也采取由学生通过网络匿名评价班主任工作的做法，但是并不要求学生必须参与评价，而是学生自愿评价。于是，班主任教师工作绩效评价问题更复杂一些，有的班主任教师面临的形势非常“严峻”。一些对班主任教师工作表示认可或赞同的学生并不参与网上评价，而一些对班主任教师工作表示不认可或反对的学生却积极参与网上评价，这种评价结果可想而知。

这所学校的一位班主任教师表示，自己所带班级有60多个学生，但一共有5人做出网络评价，其中有3人评价“不合格”，2人评价“合格”，结果自己的班主任工作被学生综合评定为“不合格”，让人哭笑不得。有的班主任教师无奈地表示，这种班主任工作考核评价方式使得一些班主任教师不敢“得罪”学生，甚至有的班主任教师开始变得讨好学生。

事实上，自从学校实行了这种所谓的“以学生为本”的班主任工作考核评价方式，教师们更加不愿意担任班主任工作。学校管理层也发现在新学期之初，选定和安排班主任教师是一件非常困难的事情。于是学校只好采取更为严厉的管理措施，要求教师们担任班主任工作，而其中可能存在的各种各样管理隐患也耐人寻味。

当前班主任教师工作绩效考核存在一些亟待解决的问题，比如，考核标准或指标过于数量化，而忽视了班主任教师的工作质量；绩效考核过于看重结果评价，而忽视发展性评价，评价结果也缺乏对班主任教师的反馈，难以通过考核促进班主任教师的专业发展；班主任教师工作绩效考核的主体过于单一，缺乏多视角、多层面的考核主体；班主任教师工作绩效考核与激励脱节，只注重考核而缺乏激励；班主任教师工作绩效考核的内容不合理，有些内容与班主任工作没有直接关系，比如，有的学校以班主任教师从事教科研和撰写论文作为考核指标，但班主任教师撰写很多如何管理好班级的论文并发表，与其班级管理实践中是否能管理好班级并没有必然的联系。

在社会生产各领域，一些以有形的实物产品为生产对象的工作领域，其员工的工作绩效考核可以计件、计时，根据产品的质量来评价。而学校教育中，班主任教师开展的是一种教育人或培育人的工作，他们每天面对的是身心迅速成长的中小学生，其工作绩效很难“计件、计时”。

班主任教师的工作特点增加了学校管理层对班主任教师工作绩效考核的难度，对有效的班主任教师工作绩效管理提出了挑战。因此，班主任教师工作绩效考核应是一种多结构、多层面的、动态的评价体系，既要关注班主任教师班级管理的工作过程，也要考察有关学生发展和班级活动的工作结果，同时不能忽视对班主任教师自身专业素养的评估。

(1)班主任教师工作绩效考核应注重质量

班主任教师的许多工作是难以量化的。比如，有的学校明确规定班主任教师每天要进入班级时间不少于多少小时，这个时间可以量化，但班主任教师在班级里做什么，却难以量化；再如，有些班主任教师在下班以后还在为了班级学生发展存在的问题而努力思考，这些工作都是无法评定、难以量化的。

因此，学校管理层在关注班主任教师工作数量的同时，更应重视班主任教师工作的质量。班主任教师工作绩效考核更应注重班主任教师的工作状态、对班级实质性的建设，以及班级学生在认知与行为上的积极变化等。

(2)班主任教师工作绩效考核主体和方式应多元化

当前，班主任教师工作绩效考核主要由学校管理职能部门负责，考核主体过于单一，而且考核管理办法缺乏与班主任教师的沟通与协商。正如有的班主任教师所言，这种管理叫“管你没商量”。班主任教师往往只是被动接受考核，而难以真正参与其中。

有的学校的班主任教师工作绩效考核的途径过于单一，比如，只通过学生评价，只通过家长评价，这都难以取得客观的考核结果。长远来看，这不仅无助于从学校管理层面提升教师从事班主任工作的外在动力，更可能从教师心理层面降低班主任教师的内在动力。

(3)班主任教师工作绩效考核旨在促进其专业发展

班主任教师工作绩效考核的目的不是单纯管理班主任教师，而是要促进班主任教师获得更好的专业发展，成为更高水平的专业人士。

班主任教师专业发展比较成熟的境界是班主任教师作为专业人士，能客观评价自身的工作绩效，即自主评价，而不需要依靠外界的管理要求或约束。班主任教师专业发展水平越高，就越具有自主评价的境界。

当班主任教师喜爱从事班主任工作、热爱这一工作时，当班主任教师拥有坚定的职业理想和职业承诺时，当班主任教师具有优秀的专业素养时，就会自己控制自己所从事的班级管理和学生教育活动，不断自我评价、自我反思与自我监控，积极调整、修正并形成科学合理的班级管理理念，选取有效的班级管理方式，获得良好的班主任教师工作绩效。这时，班主任教师就处于专业自主发展的工作状态。

5. 班主任教师薪酬管理

薪酬是一个组织对其成员为实现组织发展目标而付出劳动的回报，它涉及的内容较为广泛，主要包括以货币形式获得的财物回报，也包括以非货币形式获得的有形服务和收益。广义的薪酬包括工资、奖金、奖励、津贴、补贴、福利等。

薪酬的作用在于吸引、保留和激励组织所需要的人力资源，以实现组织发展目标。合理的薪酬有助于维持组织运转，促进人力资源的合理流动，增强组织成员的归属感、价值感和工作积极性。

就班主任工作而言，薪酬是指班主任教师由于进行了班级管理和学生教育活动而获得的各种形式的报酬，它包括经济报酬，如岗位津贴、奖金等，也包括非经济报酬，如在班级管理和学校工作中所得到的福利、奖励等。

学校管理层应重视对班主任教师的薪酬进行科学有效的管理。班主任教师获得与其工作相配的岗位津贴，对维持其工作活动、提升其工作动力具有重要作用。学校合理安排班主任教师的工作职责和任务，关心班主任教师的生活与健康，保障班主任教师的工作岗位津贴和福利，保障班主任教师的工作权益，有助于激发班主任教师的工作积极性，尤其是激发其工作的内在动力。

班主任教师作为一种专业，如果薪酬与其专业水平和专业表现相适应，也会对班主任教师专业发展具有激励作用。

近年来，在我国经济发展相对较好的地区的一些中小学校，班主任教师的岗位津贴和福利待遇不断提升。有的地区为班主任教师管理投入巨大的财政力量，使班主任教师的岗位津贴得到了极大的提升。这在很大程度上有效保障了教师从事班主任工作的动力，调动了班主任教师从事班级管理活动的积极性。

但是，我国许多地方的中小学班主任教师的岗位津贴仍然很低，与其所从事的班级管理活动的复杂性和付出的辛劳并不相称。甚至有的地方的班主任教师表示，自己所在学校担任班主任工作没有任何岗位津贴。

当前，在许多中小学校，担任班主任工作的任课教师与不担任班主任工作的任课教师的工作收入差距并不大。换言之，教师从事班主任工作的岗位津贴并不高。大多数任课教师不愿意从事班主任工作，而是被学校指派或出于评优、评奖、评职称等需要而不得不担任班主任工作。整体而言，中小学班主任教师薪酬管理机制仍有待改进和完善。

就学校管理改进而言，学校给班主任教师合理的薪酬回报，符合社会劳动公平交易或交换的基本原则，应得到遵循和提倡。这与劳动分配中“多劳多得，优劳优酬”的理念相一致。因此，学校管理层在提倡班主任教师积极奉献、承担责任的同时，也应建立科学合理的薪酬管理机制，按照班主任教师工作的劳动价值和贡献给予相应的薪酬回报，从而调动班主任教师工作的积极性，促进学校教育事业不断进步。

就班主任教师自身发展而言，班主任教师需要不断完善自身的专业素养，提升专业水平，努力成为班级管理的专家。这对班主任教师的薪酬管理改进也会起到积极的推动作用。

(三)班主任教师人力资源管理的价值

针对学校有效管理，以往有一种观点认为“一个好校长意味着一所好学校”。从人力资源管理的视角来看，这种说法过分夸大了校长的作用，而忽视了学校中教师作为最重要的人力资源的作用。

根本而言，学校的良好发展取决于教师(主要包括从事教学工作的教师和班主任教师)人力资源的发展，取决于教师有效处理教育教学的各种事务，解决学校发展所面临的各种问题。因此，更准确的说法应该是"一个能管理好教师的校长意味着一所好学校"。归根结底，优质的学校需要依靠具有优秀专业素养的教师。

班主任教师是学校人力资源的核心力量之一。加强班主任教师人力资源的管理，提高班主任教师的专业素质，开发班主任教师的教育工作潜能，是学校发展的基础。具体而言，班主任教师人力资源的价值主要表现在以下几个方面。

1. 班主任教师人力资源管理有助于开发其专业素养

班主任教师是学校教育活动中最基本、最关键的管理要素。提高班主任教师的素质，充分调动班主任教师的积极性和创新性，合理地使用和开发班主任教师人力资源，是提高学校管理效率进而促进学生良好发展的重要保障。

提高班主任教师的素质，就有必要加强班主任教师作为人力资源的开发与管理。人力资源管理根据学校战略发展的目标和需要，制订班主任教师的选拔和培养计划，使班主任教师的培养与岗位需求相适应，也使班主任教师的发展与学校的发展目标相适应。

2. 班主任教师人力资源管理有助于促进学校发展

面对社会竞争与教育发展的社会现实，拥有高素质的班主任教师人才，有助于学校掌握自身发展的主动权，获得更好的生存与发展空间。因此，学校要把班主任教师视为学校人力资源管理的重要岗位，高度重视班主任教师专业发展，树立班主任教师的专业地位，培养好班主任教师，选好人才，用好人才。班主任教师人力资源管理部门通过制定科学合理的管理制度，对班主任教师进行合理的培养和使用。从根本上讲，这对促进学校发展具有重要作用。

3. 班主任教师人力资源管理有助于提升教育和社会效益

学校人力资源管理部门要为班主任教师创设适合其发挥才能并胜

任工作的良好环境，通过合理的奖惩、晋升、津贴、福利等考核机制，激励班主任教师积极努力工作，引导班主任教师安心工作、忠心工作、开心工作，把自身的专业素养运用于学生管理和班集体建设上。学校对班主任教师人力资源进行科学合理的配置，不仅有助于学校减少劳动损耗，节省人力、物力和财力支出，也有助于取得学校教育的社会效益，从根本上有助于把学生培养成社会所需要的人才。

参考文献

[1]艾诗根，2017. 走出轮回：共生环境下的师生关系[J]. 教育科学(5)：57-63.

[2]陈志霞，吴豪，2008. 内在动机及其前因变量[J]. 心理科学进展(1)：98-105.

[3]郝文武，2006. 教师专业发展与教师教育的开放性和专业化[J]. 陕西师范大学学报(哲学社会科学版)，(4)：112-116.

[4]侯玉波，2017. 批判性思维对中国人创新观念与行为的影响[J]. 心理科学进展(5)：723-730.

[5]黄正平，2008. 关于班主任专业化的思考[J]. 中国教育学刊(2)：41-44.

[6]荆素正，吴黛舒，2015. 中小学"教师批评"问题及其理解[J]. 教育理论与实践(26)：22-24.

[7]蒯义峰，2017. 班主任离岗意愿研究[D]. 上海：华东师范大学.

[8]李国徽，2011. "教师批评权"的实现困境及对策研究：以上海市中小学为例[D]. 上海：上海师范大学.

[9]李晶晶，潘苏东，廖元锡，2017. 国外批判性思维研究的启示：教师准备的视角[J]. 教育科学研究(9)：81-87.

[10]李琳，陈芳，王媛，等，2012. 走向专业理解：班主任专业标准的理性思考与实践建构[J]. 教育理论与实践(26)：37-39.

[11]李明，黄泽军，2013. 中小学班主任工作倦怠调查报告[J]. 中国德育(13)：6-10.

[12]李娜，2019. 小学教师批评权弱化原因及对策分析[J]. 基础教育研究(5)：46-47，50.

[13]林崇德，2006. 思维心理学研究的几点回顾[J]. 北京师范大学学报(社会科学版)，(5)：35-42.

[14]林丹，卜庆刚，2017. 回归"育人"之初心：论"学生发展指导"作为班主任核心素养的探究[J]. 教育科学研究(3)：29-34.

[15]蔺佩洋，2017. 西部农村小学教师从教动机与长期从教意愿研究[D]. 长春：东北师范大学.

[16]刘捷，2002. 专业化：挑战21世纪的教师[M]. 北京：教育科学出版社.

[17]刘金虎，2016. 教育科研新视界[M]. 杭州：浙江大学出版社.

[18]刘瑞霞，2013. 新入职教师从教意愿之质化研究[D]. 兰州：西北师范大学.

[19]刘睿，2016. 高中教师为什么不愿意做班主任：以一所普通高中学校为例[D]. 北京：北京师范大学.

[20]刘文媛，2014. 我国中小学教师专业化发展研究现状与趋势：以近十年发表的中文重要期刊论文研究为基础[J]. 天津师范大学学报(基础教育版)，(3)：28-34.

[21]刘毅玮，龚蓉，2010. 教师"批评教育权"操作化探析[J]. 中国教育学刊(8)：77-79.

[22]罗苹，1998. 呼唤与契机：个体自主性的形成和发展[J]. 现代哲学(2)：62-65.

[23]任淼，2013. 法国教师专业化发展特征及启示[J]. 国家教育行政学院学报(3)：85-88.

[24]商春锦，2003. 班级授课制的历史、现状与对策[J]. 福建教育学院学报(7)：110-112.

[25]申继亮，王凯荣，李琼，2000. 教师职业及其发展[J]. 中小学教师培训(3)：4-7.

[26]申继亮，姚计海，2004. 心理学视野中的教师专业化发展[J]. 北京师范大学学报(社会科学版)，(1)：33-39.

[27]田爱丽，张晓峰，2004. 对现行中小学教师评价制度的调查与分析[J]. 教育理论与实践(3)：26-30.

[28]王景英，梁红梅，2002. 当前美国中小学教师评价的特点及其启示[J]. 外国教育研究(9)：54-59.

[29]王晓平，杨鸿，2005. 关于构建以教师专业化为核心的教师人事制度的几点思考[J]. 教师教育研究(3)：54-56.

[30]王智佳，2014. 沟通理论视角下的初中教师批评行为研究[D]. 重庆：西南大学.

[31]吴式颖，1999. 外国教育史教程[M]. 北京：人民教育出版社.

[32]吴文胜，2018. 基于专业发展的教师政策回顾与展望[J]. 教育科学研究(1)：38-42.

[33]夏海鹰，2014. 班主任视野、境界、情怀探究："国培"班主任专业发展价值突围[J]. 教师教育研究(6)：24-26，32.

[34]闫守轩，2010. 小学班主任专业发展现状的实证研究[J]. 教育科学研究(4)：42-44.

[35]杨惠兰，展宁宁，陈京军，等，2015. 中小学教师胜任力、职业认同与专业发展的关系[J]. 社会心理科学(1)：35-44.

[36]杨中枢，2012. 我国小班化教学研究综述[J]. 教育研究(4)：103-107.

[37]姚计海，管海娟，2013. 中小学教师情绪智力与职业倦怠的关系研究[J]. 教育学报(3)：100-110.

[38]姚泽有，张建国，2012. 人力资源管理[M]. 北京：北京理工大学出版社.

[39]曾新基，2014. 班主任工作积极性问题研究：以东莞市NC区中学为例[D]. 桂林：广西师范大学.

[40]张华军，2014. 论教师作为研究者的内涵：教师研究性思维的运用[J]. 教育学报(1)：24-32.

[41]张剑，张建兵，李跃，等，2010. 促进工作动机的有效路径：自我决定理论的观点[J]. 心理科学进展(5)：752-759.

[42]张学敏，张翔，2011. 教师职业专业化的异化与转型：基于社会分工演进的考察[J]. 教育研究(12)：68-72.

[43]赵洪涛，2007. 专业化：班主任面临的机遇和挑战[J]. 基础教育参考(12)：53-55.

[44]郑其瑞，2010. 普通中学班主任工作动力问题的现状及其对策研究[D]. 上海：华东师范大学.

[45]郑新蓉，2005. 教师的阶层身份、社会功能与专业化：西方马克思主义关于教师的研究[J]. 教育学报(3)：30-34.

[46]钟启泉，2001. 教师"专业化"：理念、制度、课题[J]. 教育研究(12)：12-16.

[47]周成海，靳涌韬，2007. 美国教师评价研究的三个主题[J]. 外国教育研究(1)：1-6.

[48]朱湘妹，2015. 班主任专业素养提升的载体设计与实施[J]. 上海教育科研(7)：59-62.

[49]祝怀新，潘慧萍，2004. 德国教师教育专业化发展探析[J]. 比较教育研究(10)：11-16.

[50]ACHILLES C M，2003. How class size makes a difference：what the research says. The impact of class-size reduction (CSR)[R]. Educational Leadership.

[51]ALLRED K M，CHAMBLESS D L，2018. Racial differences in attributions，perceived criticism，and upset：a study with black and white community participants [J]. Behavior Therapy，49(2)：273-285.

[52]AVALOS B，2011. Teacher professional development in teaching and teacher education over ten years [J]. Teaching and Teacher Education，27(1)：10-20.

[53]BARON R A，1988. Negative effects of destructive criticism：Impact on conflict，self-efficacy，and task performance [J]. Journal of Applied Psychology，73(2)：199-207.

[54]DE VRIES S，JANSEN E P W A，VAN DE GRIFT W J C M，2013. Profiling

teachers' continuing professional development and the relation with their beliefs about learning and teaching [J]. Teaching and Teacher Education, 33: 78-89.

[55]DECI E L, RYAN R M, 2008. Facilitating optimal motivation and psychological well-being across life's domains [J]. Canadian Psychology, 49(1): 14-23.

[56]DECI E L, RYAN R M, 2000. The "what" and "why" of goal pursuits: human needs and the self-determination of behavior [J]. Psychological Inquiry, 11(4): 227-268.

[57]GAGNÉ M, DECI E L, 2005. Self-determination theory and work motivation [J]. Journal of Organizational Behavior, 26(4): 331-362.

[58]GILROY D P, 1991. The loss of professional autonomy: the relevance of Olga Matyash's paper to the brave new world of British education [J]. Journal of Education for Teaching, 17(1): 11-15.

[59]HARFITT G J, 2013. Why "small" can be better: An exploration of the relationships between class size and pedagogical practices [J]. Research Papers in Education, 28(3): 330-345.

[60]LEAT D, REID A, LOFTHOUSE R, 2015. Teachers' experiences of engagement with and in educational research: what can be learned from teachers' views? [J]. Oxford Review of Education, 41(2): 270-286.

[61]MAYER J D, SALOVEY P, CARUSO D R, 2004. Emotional intelligence: theory, findings, and implications [J]. Psychological Inquiry, 15(3): 197-215.

[62]PEHMER A-K, GRÖSCHNER A, SEIDEL T, 2015. How teacher professional development regarding classroom dialogue affects students' higher-order learning [J]. Teaching and Teacher Education, 47: 108-119.

[63]RICHER S F, VALLERAND R J, 1995. Supervisors "interactional styles and subordinates" intrinsic and extrinsic motivation [J]. The Journal of Social Psychology, 135(6): 707-722.

[64]VROOM V H, 1964. Work and motivation [M]. New York: Wiley.

后　记

教师工作被视为一种专业，教师是专业人士，这普遍为社会各界所认可。1993年颁布的《中华人民共和国教师法》中明确指出：“教师是履行教育教学职责的专业人员，承担教书育人、培养社会主义事业建设者和接班人、提高民族素质的使命。”教师的专业地位在法律层面予以确立。

实现“百年大计”和中华民族伟大复兴，需要优先考虑“教师为本”这一最根本的影响因素。归根结底，国家建设和发展需要优质的学校教育，需要拥有良好专业素养的教师队伍。

随着我国改革开放和经济发展，中小学校教育得到迅速发展，学校教育质量有了极大提升，教师的专业素养也有了极大的进步，教师队伍建设成果显著。不过，当前教师队伍建设和专业发展存在一些问题，一些薄弱环节有待改进和完善。

在教师人事管理方面，教师的工作积极性和内在动力有待提升，工作评价与绩效考核等管理机制对教师的激励作用有待发挥，师资配置不均衡的问题仍然较为严重。

在教师教育与培训方面，管理理念和方式有待更新，教师对培训的需求被忽视，教师参加培训的自主性有待加强，工学矛盾没有很好解决，教师个性化培训有待完善，培训实效性有待提升。

在教师专业发展方面，教师人力资源的质量有待提高，教师的职业道德素养和教育理念、知识及能力等专业素养都有待提升，班主任教师专业化有待实现。

广义而言，社会的教育最主要包括两方面：学校教育和家庭教育。我国自改革开放以来，社会发展各方面成就显著，尤其学校教育取得了举世瞩目的进步。然而，一个非常严峻的问题值得教育界人士深入思考：就教育发展而言，虽然学校教育质量不断提升，但是家庭教育质量是不是在不断下降呢？

有人可能认为这种疑问过于悲观，但是，仅考虑“独生子女”和“留守儿童”等社会问题给家庭教育及孩子全面健康成长带来的不良影响，家庭教育问题的严重性就可见一斑。进而，一些由社会发展问题和家庭教育缺失而引发的学生发展问题，常常表现于学校教育管理过程中，教育责任常常落在教师身上，所造成的不良后果往往由教师来“埋单”，更多情况下由班主任教师来“埋单”。

对此，一方面，班主任教师需要努力提升自身专业素养，处理好学生发展过程中出现的问题；另一方面，家庭教育对孩子培养的作用也应受到足够的重视，引导家长学会科学合理的家庭教育理念和教养方式。如果只注重提升班主任教师专业素养，而忽视提升家长对孩子的教育素养，那么家校合作就难以形成教育合力，进而影响学生发展和人才培养。

因此，班主任教师专业化是一个社会系统工程。其面临的问题不仅需要班主任教师专业素养的提升，需要学校教育与管理的改进，需要国家政策层面予以调控和支持，更需要学校、家庭和社会其他领域相互合作、协同解决。